東京直送

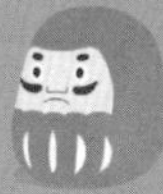

張維中

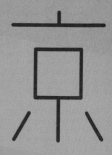

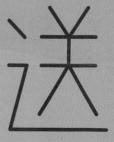

目次

01 丟不掉的日式執著

常問日本朋友「這些習慣，究竟是從什麼時候開始的呢？」他們總會半歪著頭發出「ＳＡ～」的尷尬表情。

02 拆開包裝見真章

總是依循ＳＯＰ的日本人，失去了「說明書」，經常也就失去了應變的能力。

03 四季流轉的東京

活在四季分明的日本，有著只屬於那個時候的氣溫、天光、視線的清澈度，甚至是空氣的味道。

04 飲食的好日子

飲食習慣之所以稱作「習慣」就代表它是一種能改變、會適應的事。

05 東京，日常直送

每座城市總有令人感到生活無奈的畫面，溜到公司陽台抽菸的「螢火蟲族」，就是其中之一。

01 丟不掉的日式執著

常問日本朋友：「這些習慣，究竟是從什麼時候開始的呢？」其實，他們也是一知半解。再追問下去，朋友們就會半歪著頭，皺起眉，發出「SA～」的一聲，意即「這該怎麼說呢？」一臉日式招牌尷尬表情。

01
餐廳總是上冰水

冬天來日本旅遊的台灣朋友，最常會問我的一個問題就是：「為什麼外面都已經那麼冷了，所有的餐廳還總是只上冰水？」

沒錯，在日本無論是日本的西餐廳或和食店，不管外頭是溽熱的豔陽或大雪紛飛，只要你一進餐廳入座，服務生立刻端上桌的，幾乎都是一杯加了碎冰的水。這對於台灣人習慣餐廳上熱茶，或提供常溫的白開水，實在有不小的文化差異。於是最後，我的朋友們都是讓那杯冰水站在原地發冷汗，然後從背包中拿出水壺，喝起自備的溫開水。

夏天氣候炎熱，進餐廳時先喝點冰的，這倒是可以理解。可是冬天寒流來襲，有時候東京一整天的最高氣溫都不會超過三度，好不容易走進暖呼呼的店裡，多麼希望雙手立即捧起一杯熱水才好。

問過日本朋友這件事的原委，大多數人的回答皆是：「大概冬天的餐廳，暖氣都開得很強吧，所以其實滿熱的，就會想要喝點冰水？」其實他們也是一知半解。「那麼這習慣又是從什麼時候開始的呢？」再追問下去，日本朋友們就會半歪著頭，皺起眉，發出「ＳＡ～」的一聲，意即「這該怎麼說呢？」一臉招牌的日式尷尬表情。

後來，從日本長輩那裡聽過一種有趣的解釋。原來，現在的日本餐廳必上有碎冰的開水，跟時代背景有些關係。昭和年代初期，西風漸進，洋食逐漸在東京流行起來。相較於蕎麥拉麵店奉茶，西餐廳一上桌就給茶，似乎顯得突兀。為了區隔，就以水替代。可是，高級西餐廳只給一般的白開水太顯寒酸，不久就有銀座的西餐廳決定在開水裡加入冰塊。

要知道，當時民生經濟狀況欠佳，甚至還是家裡沒有冰箱的年代呢，所以不用錢就能喝到加了碎冰的水，對於大多數的日本人來說，就足以是一件稀奇到可以回家向左鄰右舍傳誦的事。於是乎，走進西餐廳，坐在鋪著白色桌巾前的椅子上一邊點菜、一邊「享受」冰開水，對當時崇洋的日本人來說，就好像踏入了「文明開化」的新階段。既然喝冰水讓人覺得高級，其他不是西餐廳的餐飲店也開始爭相模仿，不知不覺的，就演變成當今日本餐廳的特殊文化。

雖然這只是長輩們的都市傳說，但聽起來挺有幾分道理也很有趣，並且還帶出一個時代變遷的背景，我姑且也就信了。

另外就是日本人向來對於喝「常溫」的水或茶是不習慣的，當餐廳提供的飲水一旦加進冰塊，彷彿就覺得多了點誠意——雖然，有沒有加冰塊，都是水龍頭轉開而出的自來水。

有些和食餐廳是會上熱茶的，但即便如此，依然會很堅持要同時來杯冰水。不過，其實就算沒熱茶，你也是可以跟店員要求換一杯不加冰塊的常溫水，他們會很樂意為你更換的。

我覺得最妙的還有一件事。那就是幾乎所有的餐廳上冰水時，千篇一律都是用長得差不多的透明矮玻璃杯來裝。當然這並非是有誰要求的，可是大家就是這麼自然而然地統一起來了。

自然而然的，餐廳總是上冰水；自然而然的，總用起相似的玻璃杯；自然而然的，這個社會就累積出了許多看似理所當然，卻鮮少人思考過原因的現象。

每一個習以為常的自然，都可能是來自被制約的思想。我們得隨時提醒自己，從未反思過為什麼的時候，失去的不只是一個故事，也將錯過許多新的可能性。

02

就愛傳真機

生活在日本，有時候以為時間是比其他地方走得慢一點的。比如傳真機這件事。即便到現在，傳真機在日本社會還是充滿著強烈的存在感。

有很多日本的大型企業，社內愛用傳真機，勝過用電子郵件。在台灣做貿易的大姊曾告訴過我，公司裡接到來自各國的E-mail訂單，就只有日本還是習慣用FAX下單。而我在日本的公司裡，也曾經發生過幾次邀約參加活動的廠商，用電子郵件跟我聯繫，明明是以附加檔案寄來參加與否的回函，但請我回傳時，卻要我列印下來再用傳真回覆的奇聞軼事。

時間過得慢，雖然讓人感覺安慰，但明明已經是那麼先進的國家了，當全世界都在追求速度，從IT邁向AI科技化的時代，傳真機卻還是被日本人依賴著，那股重要性，反而讓人感覺到有一種時空錯亂的荒謬感。

日本內閣府在二〇一一年做過一個調查，日本公司行號幾乎一〇〇%都有放置傳真機，就連個人也仍有高達四五%的家裡有傳真機。矢野經濟研究所在二〇一三年做的另一項關於「輸出設備市場」的調查，報告中顯示，事務用傳真機的需求雖然連年下降，但即使如此，該年竟也還賣出了一百四十八萬台事務用傳真機。

現今全世界找不到另外一個國家，可以媲美日本所保持的傳真機銷售量。直至最近，ExcITe網站針對一萬兩千人做的民調，結果仍顯示日本經常使用傳真機的公司多達五七%，偶爾使用的是十七%，很少使用的是十五%，幾乎沒用或公司沒有傳真機的為十一%。

到底為什麼傳真機在日本還那麼有市場呢？說穿了其實就是跟日本高齡化社會有關。家庭若是必備傳真機，原因大多是為了方便年邁的長輩。比如住在鄉下的年長者，如果出門不方便，想要在家裡買東西時，當然不是上網購物。他們習慣看型錄，然後FAX訂單，對他們來說就是最簡單的老方法。

你要是問，為何非得用傳真機，難道不能打電話訂購嗎？我只能說你家一定沒有過老人。拜託別折磨老人家的聽力和咬字了。

至於在公司行號，許多長輩雖然也會用電子郵件，但從年輕時已經習慣用FAX，彷彿覺得傳真才更為正式。另外，日本人重視紙張，愛用傳真機的人就認為，印出來的東西，比隨時不知道怎樣就消失的電子檔案更為保險，而且又不會像電子郵件易於被截文轉寄，似乎更安全。更老派一點的，以為傳真文件上能夠添加手寫字，更有溫度與誠意。

這讓我想到，日本人在應徵工作時的履歷表，一份所謂正式且有禮貌的履歷表，絕對不能用電腦打字列印，一定要用手寫才行。這就不難理解，為何迄今仍有人會認為談生意時，傳真紙上的手寫字比電子郵件更有誠意了。

前幾天，台灣朋友一家人春節假期到訪東京。聚餐時聊起工作，忘記說到哪裡，提到了「傳真機」這三個字。突然，同桌一個還在念高中的女生打破沉默，愣著臉問：「傳真機？我沒見過傳真機。」

沒見過傳真機？與我同年代的朋友，吃到一半的肉差點從嘴裡掉出來。高中女生補充道：「但是我聽過喔！」她試圖藉此表達參與感，但表情卻像是聽到一種遠古的傳說，比如女媧補天之類的。

搞得我們好像真的好老了。真不敢說小時候，還見過世界上有一種東西叫做打字機呢。然而想想也是，如今十七、八歲的高中生，其實都是兩千年後出生的了。什麼？歡慶進入二十一世紀不是不久前的事嗎？居然晃眼已過數十年。

忽然明白了人老會變得健忘，大概是歲月施予的慈悲。畢竟，人活到某一個階段，不要什麼事都記得太清楚，日子才可能好過。

03

微妙的入座儀式

到日本自助旅行的人，多半會嚮往安排一趟新幹線的鐵道旅程。在車站月台挑一款別致的鐵道便當，再從琳瑯滿目的自動販賣機裡選一罐飲料，坐進窗明几淨的車廂裡，一邊品嘗飯盒裡凝縮的和食美味，一邊看窗外呼嘯而過的風景。那一刻應該很能體會，所謂旅行的愉悅，從來不是來自於什麼激動的狂喜，而是在移動當下，這樣一段平穩且靜好的醞釀。

說到搭新幹線，光是從入座這件事，就可以立刻分辨出誰是日本人，誰又是外地人。每個人都很習慣在搭車時，一入座就先調整椅子，把座椅往後稍微傾斜一下才感覺坐得舒服吧？要是在搭新幹線時，看見那種頭也不回，直接就把座椅往後倒的人，十之八九就是外地人了。

日本人習慣在搭乘交通工具要傾斜座椅時，會很慎重其事地回過頭，向後座的人說聲：「不好意思！座椅要往後倒了。」也許有些人因為內向，只會含糊地說聲「不好意思」而已，但肯定都會翻過身向對方點頭致意。

見過很多次，後座的人陷入天荒地老似的昏睡，甚至座位上根本沒有人，前座的人還是行禮如儀。每當深夜搭新幹線遇到這種情況時，都不免令人狐疑會不會那個我以為的空位，其實前座的人確實看到了些什麼呢？畢竟日本最不缺的就是鬼故事。

搭新幹線時經常會把椅背上的桌子放下來擺飲料和食物，或者放筆記型電腦工作的關係，所以若不事先知會或注意，猛然把座椅往後倒，便會把後座的人給嚇一跳。

說到底是有這麼容易被嚇到嗎？還真的是。

日本人為什麼那麼愛貓？我以為其實是因為他們的性格真的還滿像是貓的。對於周圍敏感，很體貼地懂得察言觀色，但也很神經質地容易被預期外的行為給驚嚇到。因此不少剛搬來的朋友，會向我抱怨不適應這裡的生活，不知道如何跟日本人相處時，我常會建議他們不如先養隻貓。

微妙的入座也表現在日本人搭地下鐵。比起台灣來說，東京人在電車上，似乎並不怎麼主動願意禮讓老弱婦孺入座。年輕人占據博愛座滑手機，旁邊就站著年長者也不動聲色的大有人在。不過，很極端的是卻又有不少人，當他們發現自己坐的位子隔開了左右兩個空位，而眼前正好出現兩個彼此認識的人想入座，卻發現用站著才方便繼續聊天時，那個正坐著的人多半會察覺到，然後體貼地站起來移動，默默挪出一個兩個連坐的空位給對方，好讓他們可以坐在一起聊天。

還有一種狀況。東京的地下鐵跟新幹線的前後座形式不同，都是兩排對坐的無間隔橫式座位。這種座位當然是會跟鄰座的人靠在一起，尤其是擁擠的時段。每當有人入座時，隔壁的人多半會稍微起身挪動一下身子。而入座的人一發現對方挪動身子了，也會很緊張地趕快往反方向移開一點。有時候根本很擠了，有動跟沒動一樣，但大家還是會習慣這麼做，像是反射動作。

日本人天性習慣保持距離，無論是心理或生理上的，更遑論跟陌生人貼得太近這樣的事。但是偏偏電車又總是擁擠，讓大家心不甘情不願地前胸貼後背。此外，在東京的地鐵上，還常常會見到睡到不省人事的人，把整顆頭倒在隔壁陌生人肩膀上的畫面。被當做枕頭的人其實想抽身，卻大概又害怕猛地離開太失禮，只好保持原狀，面露尷尬的表情。

這些分明討厭卻又無法逃避的事，一種矛盾的共存，竟也始終是東京的弔詭魅力。

這麼不喜歡跟陌生人打交道的民族，想當然耳在傳統的餐廳裡，很少會出現「併桌」的情形。像在台灣的夜市攤位、百貨公司美食街或香港的茶餐廳裡，常得跟陌生人坐在一小張桌椅共食的狀況，在日本少之又少。

餐廳裡偶有一種四人座桌椅，是兩張桌子看似分開來，但其實中間和椅子是整套連起來的形式。七、八年前有個經驗，帶著從台灣來的朋友們到速食店用餐，店裡唯一還能夠容納三人的位子，正是這樣的四人座桌椅。不過，已經有一個女人坐在其中一個位子上了。我還沒來得及向那個人詢問，三個空位是否方便入座，兩位朋友就一股腦兒地坐下去。結果，那個女人立即變臉，一副驚弓之鳥的模樣，瞪了我們好幾眼，碎碎念著幾句日文抱怨起來，把我們都給嚇到。

朋友們一聲不吭入座或許冒失，但說到底其實也不是坐到那女人同張桌子的對面，只是坐到她身旁桌子分開、椅子連起來的空位而已。該說是誰的問題呢？只能說民情不同，人與人之間對於距離感的差異，造就這般反應。

不過，近年來，日本對於併桌用餐的接受度也漸漸有了改變。可能是異國料理愈來愈多的關係，影響日本人的用餐文化。例如在新宿，有一間我很愛吃的泰國菜餐廳，座位幾乎都是大圓桌。你要進來用餐，無論一個人或一群人，都得跟人併桌才行。生意依舊很好，每晚川流不息。

這兩年，甚至出現一間叫做「相席屋」的居酒屋連鎖餐廳。「相席」在日文中就是「併桌」的意思，顧名思義是一間專門併桌吃飯的居酒屋。原來，這是為了促成男女交友聯誼而想出來的點子。只要是女生來店，跟男生併桌的話，女生就能享有免費暢飲飲料的優惠。

以為生意會不怎麼樣的，沒想到廣受歡迎，在全國各地都開設不少分店。因為它精準抓到客層，除了一群愈來愈不知道如何談戀愛的日本年輕人以外，還吸引到了中年也尚未有對象的族群。

在我家附近有很多居酒屋，原本只在晚間營業的，現在白天也會開門，專賣午間套餐給上班族。這些店家的位子都很少，空間也狹窄，但因為人多，老闆就會希望客人併桌。

於是，原本在晚上絕對不可能跟陌生人並桌的居酒屋空間，只有在中午，像是一段期間限定的時光，出現大家共享一張狹小桌椅的情形。

有時候就近聽著隔壁客人聊天的話題；有時候察覺對坐的客人在觀察我吃飯的樣子；有時候發覺這個人在偷瞄我邊吃飯邊看什麼小說；有時候發現那個人的手機畫面竟跟我停在同樣的網頁。

許多的人間故事，就在這個併桌的場合，緩緩地從心底編織出來。

沒有微妙的入座，也沒有神經質的介意，在這座過度敏感的城市裡，那一刻，令人忍不住喜歡也珍惜，這樣自然而然的風景。

04

帶薪休假的罪惡感

去日本各地採訪時，當地政府觀光協會的日本人，經常很好奇地問我：「每年這麼多台灣人來日本玩，一年來兩次以上的人也不少。很想知道你們都是何時開始計畫旅程？多久以前會買機票和訂飯店呢？」

這答案當然因人而異。但我知道有非常多愛旅行、愛日本的人，是在出發日半年以前就把機票先買好。要是準備去看煙火、賞紅葉、銀杏或櫻花等季節行事，八、九個月前便將「機加酒」搞定的人，一點也不奇怪。畢竟旺季時，機票和旅店都一位難求，去熱門景點旅遊根本是一場生存戰。

至於不太計畫旅遊細節的人，看到便宜機票就先訂了，因為根本把日本當做前花園，總而言之先出發，坐上飛機才開始想今天以後要去哪兒。這幾年，廉價航空興起，機票價格門檻大幅降低，隨性買張機票過兩天就出發的朋友愈來愈多。

日本人到台灣玩以三天兩夜居多。年輕人搭紅眼班機衝刺，兩天一夜的旋風訪台，也是日本人遊台的特色之一。可是我們台灣人到日本玩，待個一週是正常，而只待個三天兩夜，就彷彿覺得沒來似的。於是這時候怎麼排休，就是門藝術。

帶薪休假對我們來說是很正常的權益，但在日本依照產業屬性不同，對日本人而言就會產生「請假道德」的心理障礙。

旅遊網站Expedia Japan公布全球帶薪休假使用天數的調查報告，結果顯示日本連續三年「榮獲」最後一名。

日本的帶薪休假率只達到五〇%，天數僅有十天。民調中詢問，是否對休有薪假感到罪惡感，結果五八%的日本人都回答有罪惡感，居全球之冠。同時調查中也問到，是否認為自己有權利享受、獲得更多的帶薪休假？回答「是」的日本人也是全球最少，敬陪末座。

例如飯店窗口等服務業，通常就是固定幾個人輪班，經常連休的話，只會帶給別人困擾，那就是日本人最害怕的事。於是，如果彼此私下喬不好休假的話，最後就變成誰都不休。誰都不想被說三道四，被認為不合群；誰都不想有休假罪惡感。

我的朋友牧野君的公司是零件製造業，他說，雖然表面上會談必須達到帶薪休假率，誰都可以請假，但事實上還是得看公司的「氣氛」行事。當大家都不請假時，你自己一個人怎麼好意思常常請呢？

牧野君在公司待得久，已是小主管，他說：「其實還是新人時沒什麼事，隨時請假也不會影響工作，但『氣氛』就會讓新人不太敢想請就請，當然也不好意思請假太久。結果當上有決策權的主管以後，事務繁重，真的就更難請假了。況且，我上面還有主管，他大概去年一整年，都沒休過帶薪假。我要是稍微懂得『讀空氣』的話，就知道不該常請假了。」

這兩年因為發生「過勞死」事件，不少日本公司顧及若是員工的帶薪休假率沒達到，公司恐怕會有麻煩，於是開始強制員工消化掉假期。不過，這其中有不少公司會有不成文的規定，要求員工只能在何時休，或不要把有薪假排在週休二日前後等等的柔性勸導。

日本人不休有薪假，最多人回答的理由是人手不足、想把假留在急用時再休，但其實最真實的理由是不想被認為對工作沒幹勁。

人到底為了工作而生存，還是為了生活而工作呢？這是個永遠無解的問題。只希望工作能夠盡量疊合自己的興趣，才不會感到庸庸碌碌，不知為何而忙。別羨慕表面上的光芒，別因為工作而失去健康和迷失自我。

世事無常，一輩子不知何時就會結束。回首時發現浪費了一生，對關愛我們的人，那才是真正的罪惡感。

05

全年無休的殘酷

以前在專門學校上課時，班上有個台灣男生，偶爾會坐到我的旁邊。上課時，他總是非常地專注——專注於睡。

日本少子化，很多學校招生都深陷瓶頸。日本的專門學校為了營收著想，基本上老師都不太管學生。任課老師曾試圖叫醒過他幾次，他抬起頭，眼睛都沒完全張開，換了個姿勢，又繼續睡。他的睡出了名，睡到主任都來班上關切，難得不顧校方收入立場，對他說出重話：「如果這麼愛睡，為什麼還要來上課？乾脆回家睡。」

留學生人生百態。別懷疑，真的有一種就是花了錢特地來國外睡的。所幸那男生不會打鼾。他總是睡得安穩，睡到國泰民安，時常連下課了還不知道，那時我才會不忍心打擾他。他醒來以後，常常第一件事情就是從背包裡拿出各種御飯糰、三明治或麵包，而且總是好幾個。

原來是餓了。要睡得非常專注，也是要花力氣的。

「你要不要吃？」他常邀請我，可能是答謝我總是上課下課分得很清楚。沒有在上課打擾他，並好心在下課叫醒他。

第一次問我要不要吃的時候，他告訴我：「其實這是過期的，但只是超過幾個小時而已，還是可以吃的。如果你不介意的話。店長基本上是要我們下架丟掉，但我們拿走自己吃，他也睜一隻眼閉一隻眼。」

那男生在學校裡有個綽號，叫「セブン」（seven）。因為他在便利商店打工，像是二十四小時營業的7-eleven一樣，全年無休。

為了賺錢，seven最高紀錄同時在三間店排班，非常不可思議。免不了要上大夜班，經常熬夜到上課前一小時才結束，急忙趕來學校。那一陣子，他曾連續幾天都沒躺在床上好好睡，唯一能夠安心睡覺的時候，就是來到冷暖氣兼備的教室。

我跟他不算熟，很少有什麼交心的談話（畢竟他都在睡），只記得要畢業前，年紀較長的我，以一種前輩的口吻關心了他一下。我告訴他，全年無休賺了很多錢，好像很有滿足感，但要是身體搞壞了可得不償失。而且賺到這麼多錢，卻沒精神醒著去享受，不是有點奇怪嗎？

他淡淡地笑著，點頭，沒說什麼。我的話說到這裡就好，畢竟我從來沒有把握，我的看法就是正確的。聽說吉本芭娜娜以前有嗜睡症，在課堂上也常忍不住一直睡。可是人家後來成了大作家呢。

畢業後我沒有再跟那個台灣男生聯絡過。最近看到日本的新聞，在吵便利商店是否應該取消二十四小時全年無休的制度，於是忽然想起了他。

當台灣的便利商店還沒有那麼便利的時候，我們心中若有對於一間美好的便利商店該有的形象，應該都是從日本而來的。便利商店什麼都賣，二十四小時三百六十五天全年無休的經營模式，時至今日已成為超商理所當然的模樣。

前陣子，大阪府東大阪市的7-Eleven東大阪南上小阪店，現年五十七歲的加盟店長松本實敏表示，自從妻子過世後，由於應徵不到足夠的打工人手，他每天都工作超過十六個小時。因為身體無法負荷，故從二月起取消二十四小時營業，每天營業時間改成早上六點到凌晨一點。

不料此舉引起7-Eleven總部非常大的反彈，警告這是違約行為，若不恢復全年無休的營業，將解除加盟合作，並索賠日幣一千七百萬圓。新聞披露以後，很多便利商店加盟店負責人都站出來支持松本實敏。便利商店加盟工會向業主訴苦，很多加盟店負責人都有同樣的苦惱，找不到人願意來做大夜班，只好自己超時工作，要是過勞死也不意外。

沸沸揚揚的爭執，對立了幾天以後，7-Eleven總部宣布進行十間店家不通宵營業的測試。可是總部挑選的店家全是直營店，而全日本有九八%的7-Eleven都是加盟店。只針對直營店做實驗的結果，讓加盟店負責人認為，非常可能只是總部的自導自演。

這世界上當有一個人方便的時候，就可能造成另一個人的不便。到底有多少人需要每一天都二十四小時開著的便利商店呢？人口老化，少子化的社會結構，暴露出便利商店全年無休背後的殘酷，我們的工作與消費習慣，都應該順勢有所改變。

這兩天，不知是否因為念力之故，竟輾轉聽到班上那個「seven」的消息。聽說他已經回到台灣工作，在日系家具公司的設計部門上班。他告訴我們共同認識的朋友說，每天在電腦前經手那些寢具照片，都想倒在辦公桌上睡了。

不知道他現在是否還睡得好？只希望他已經能明白錢乃身外之物，別再當一個全年無休的人。找到一張好床，祝福一夜好眠。

06

最愛鄧麗君

看完了是枝裕和導演的電影《比海還深》以後，我才驚訝地發現這部電影的名稱，出自於鄧麗君〈別離的預感〉這首歌裡的一句歌詞。

不過，我更驚訝的，其實卻是我家社長的反應。前幾天，當我問他知道這部電影嗎？他回答不知道，連是枝裕和的名字都不清楚。結果，下一句竟反問我：「為什麼片名會用鄧麗君的歌詞呢？」我震撼地說：「你怎麼這樣就知道是鄧麗君的歌！」社長一副理所當然地說：「知道啊，應該是〈別離的預感〉那首歌吧？」完全命中紅心。

六十歲出頭的社長，以前就曾提過他喜歡鄧麗君的歌，可我沒想到會是這麼專業。這讓我想起社長有一位同年齡的好友，也是日本人，比他更瘋迷鄧麗君。有幾次，我們一道出差合宿，我發現他每天睡前和早上起床刷牙時，手機放出來的歌曲都是鄧麗君。問他到底有多愛鄧麗君，他繞了個彎說：「沒有人比她更會唱了。每一首都那麼感傷，但又讓人忍不住想聽下去。」

鄧麗君在日本大紅大紫的那些年，我家社長這一代的日本人，當時才三十歲左右而已。他們離開校園走進職場，結婚並組成家庭，脫離了二十歲世代，邁進前中年期。每個環節，都是轉折的關鍵點。於是，鄧麗君的歌在當時是流行，如今回顧起來，每一個音符都記錄著他們的青春。

社長說，鄧麗君在日本那麼紅，除了她締造出很多好歌以外，也和當時社會的背景與氣氛有密切關係。一來是她歌真的唱得好，本人的日文程度其實沒有很棒，但唱歌時的日文咬字、發音和情緒，完美到根本不覺得她是一個外國人。再來是當時日本偶像派當道，少有這樣的實力派年輕女歌手，唱這種歌謠類型的歌。還有，當年日本還沒有什麼足以影響國際的歌手，可鄧麗君卻已走紅華人世界，又常去日本人憧憬的巴黎，整個形象就是讓他們羨慕，覺得好國際化。

我好奇，她的歌詞裡出現大量的菸酒，而那些心境，仔細探究會發現都像是小三立場，為什麼能大受歡迎呢？社長打趣地說，那幾年是日本泡沫經濟的高峰期，上班族成天進出銀座的高級俱樂部，花錢完全不手軟。像他這樣剛結婚的男生，個性還未完全穩定，跟著公司同事去酒吧喝酒，總會在那裡認識一些小姐。有時候確實心動了，但回到現實又被打回原形，知道自己跟這些人不能有任何關係。那種微妙的距離，只能愧疚地讓女生苦守，給不了承諾的憂傷情緒，鄧麗君的歌詞都唱出來了，所以讓許多男歌迷都很心疼。

昨天，經過有樂町的一間小鋼珠店，看到廣告看板才知道原來連柏青哥都有鄧麗君主題的機台。鄧麗君在日本的影響力真是無遠弗屆。若說她是永遠的台灣形象大使，我想沒有人會反對。

四十二歲的早逝，在一切都還那麼完美的當下卻戛然而止。對日本人來說，鄧麗君的一生是活在他們的世界觀裡的。

像令他們著迷的櫻花，才剛綻放不久，就已凋謝。最令人醉心的畫面不是巔峰的滿開，而是盛開後旋即墜落的櫻吹雪。一切是那麼短暫，卻在風中傳唱成為了永恆。

07

生活的小禁忌

「不是說過了嗎？筷子不能這樣插在白飯上！」

不知道為什麼，當小朋友在剛學會用筷子吃飯時，似乎都會有一種「本能」喜歡把筷子插進碗中的米飯裡？然後，很快地就會遭受到爸媽的嚴厲斥責。

於是，年幼的我們才知道，原來這舉動是不吉利的。因為把筷子直豎在白飯上，就有如插香似的，只有在祭拜神鬼的儀式時才會這麼做。

筷子絕對不能插在白飯上的禁忌，在日本也有。日本人的理由是一樣的，認為跟喪葬有關，覺得不吉利，甚至會帶來厄運。

認識一個民族的文化，最快的方式之一就是跟他們一起同桌吃飯。在西方社會裡，你會很快從一餐之中學到用餐禮儀，當然，還有餐桌上的食材背景。至於在東方社會裡，吃飯就更複雜了。餐桌上我們不僅在乎用餐禮儀，更無法忽視習俗禁忌。

剛來日本的時候，曾經跟幾個台灣留學生到日本朋友的家裡用餐。餐桌上，日本朋友的媽媽很客氣地拿起公筷來夾肉給我們。人家夾菜給我們，我們要趕緊接過來才對，不是嗎？否則等著人家夾菜給你，好像是當大爺似的，太沒禮貌。肯定是這麼以為吧，其中一個台灣同學趕緊就拿起自己的筷子，想要把日本媽媽手裡的菜給接過去。可是，日本媽媽旋即把手往後退了一點，沒打算讓同學用筷子接菜，而同學大概怕菜沒接好會掉下來，那可就更失禮，於是又把手伸得更長了一點。結果，日本媽媽再把手往自己的方向縮了回去。兩個人的筷子，來來回回，一塊肉在空中盤旋了好幾秒，很是微妙的場面。

那場飯局之後，大家才知道，原來這便是日本餐桌上的禁忌。在台灣，如果有人夾菜給你，很自然地就會用自己的筷子去接過來，可是在日本，絕對不會這麼做。對日本人來說，只有人過世火化以後，在撿骨時，大家才會用自己的筷子，去共同夾接一塊骨頭。所以在日本，當別人夾菜給你時，千萬別拿自己的筷子去接。你可以趕緊拿起自己的碗盤去接，或者就讓對方把菜夾進你的碗盤裡。

台灣看似受到日本文化影響很深，可是在生活中，像這樣的禁忌或習慣，相似的雖然有，但更多的卻是迥異的相反。

送禮文化的小禁忌也有很多不同之處。例如台灣習俗中說不能送人扇子，因為與「散」同音，有分離的意味。不過，日本人卻覺得送扇子是一件很吉利的事。如果是圓扇的話，日本人認為有圓滿之意；如果是摺扇的話，日本人覺得打開扇子的動作，有節節進展的意味，象徵著繁榮。

另外，送花不能送百合、茶花和菊花，因為只有在探病或喪禮上才會出現這些花種。相反的，台灣人在喪禮上的奠儀回禮經常是送毛巾，所以平常不太會送毛巾，不過日本人不會把送毛巾與告別式聯想在一起，反而會在喜慶時贈送毛巾。

現在很多人其實已不太在乎這些禁忌了。所以像是送毛巾和送扇子，如今除了老年人可能還會在意以外，基本上大家也都可以接受。

有些禁忌會隨著時代而解放，但有些仍根深蒂固地沒有改變。比方說，紅包或過年時壓歲錢，包錢的數字。台灣人跟日本人一樣，金額都會避開「四」這個數字，原因都因為跟「死」的發音相近。至於台灣人包錢一定要包偶數，喪禮才會包單數，這部分日本就完全相反了。日本人包錢時一定要包單數，喪禮才包偶數。但是單數中又會避開「九」，因為日文發音和「苦」相近，也不是個好兆頭。

有時候我們聽話遵守一些不成文的規則，倒不見得是真的相信這些說法，而是為了我們身邊的人。他們希望我們這麼做會好，也希望我們能那樣做會對他們好。在不勉強自己也讓對方好過的共識中，生活的小禁忌，架構出了我們的集體回憶。

08

不愛生日太驚喜

前兩天，跟剛過完三十五歲生日的日本女性朋友山崎小姐，約去好久沒去的惠比壽，在站前一間紅酒餐廳裡請她吃飯，算是替她補過生日。

問她，生日當天怎麼過的呢？之前提過，一個認識不久，似乎有點好感的四十歲男性，有約她出來吃飯慶生嗎？

山崎小姐聽了立刻翻白眼，還發出一聲超明顯的歎氣。

「你朋友會安排那種生日餐會上的驚喜嗎？就是突然找店員端出蛋糕來，大家一起唱歌的那種？」她問我。

「有過。但只有一、兩次吧。」

「如何？你喜歡？」

「稱不上喜歡不喜歡。畢竟是朋友的心意啊，縱使覺得害羞，體認到這一點，也就會覺得很感謝了。」

「我不行。」山崎小姐搖搖頭，繼續說：「那個男人，在生日當天，偷偷請餐廳安排這種端蛋糕唱歌的驚喜。成為全場注目焦點，我真的是尷尬死了！而且那間餐廳在我公司附近，是我很喜歡的一間餐廳耶，以後我怎麼好意思去。」

山崎小姐說，端蛋糕唱生日歌的橋段不是不能接受，不喜歡的是在公眾場合，硬要把其他用餐的陌生人一起捲入，然後大家就盯著她對她拍手。她明明覺得尷尬，卻還要裝出好幸福的模樣！那一首歌的時間，令她如坐針氈。

「其實我身邊的女性朋友，大家都很不愛這樣的生日驚喜。」

山崎小姐告訴我，前陣子，恰好有份針對三十歲世代日本女生做的問卷調查，其中高達三八％的女生都表示，安排餐廳員工端蛋糕，要整間店的陌生人為壽星唱歌拍手，是最受不了的生日驚喜，勇奪討厭度排行榜第一。

這倒是令我意外。我一直以為憧憬浪漫的日本女生會很吃這一套。我很好奇，第二名討厭的生日驚喜是什麼？

「我真的很倒楣。第二名討厭的生日驚喜，前幾年也經歷過了。」山崎小姐苦笑。第二名討厭的生日驚喜是在公眾場合，找來「快閃舞」給壽星驚喜。

事實上，這也是二十歲世代日本女生，最討厭的生日驚喜。至於在餐廳端蛋糕唱歌，是二十歲世代女生討厭排行榜的第二名。

「有一個不到三十歲的男生，覺得最近這玩意很酷，就找來一個大學快閃舞社團來給我驚喜，在我家車站前。重點是，那個男的，最後也沒跟我交往。快閃舞慶生結束後都過了一個月，我去站前商店街買東西，還有老闆在跟我聊這件事。我都想搬家了。」

山崎小姐說，大部分三十歲世代的日本女生都覺得，若要替她們慶生，安安靜靜地吃頓飯聊聊天就好了。

「都三十五上看四十了，沒什麼值得驕傲大肆慶祝的吧？更何況，」山崎小姐語重心長地作結：「更何況，還是單身。」

若要問我的真心話，其實我也覺得年紀愈長，真的愈不想要身邊的朋友，因為我過生日而大費周章。

「山崎小姐，其實怎麼會倒楣呢？妳真的很幸福啦！通吃耶，不管哪個世代的男生，都為妳的生日費盡腦筋耶。」我說。

「也是啦。可見日本女生真的很難搞吧？難怪現在日本男生都寧願當草食男，窩在家裡，懶得跟女生談戀愛。」她自嘲。

或許是讓人尷尬的生日驚喜，但對方的出發點總是好意的。

有人記住你的生日，就代表有人記著你。總比這世界上的所有人，都無視於你的存在來得好。

如果有一天，某一年的生日，全世界只有Facebook祝你生日快樂，不知道那會是什麼感覺？

09

微妙的外來語：蘋果、林檎與阿婆滷

喜歡聽日本流行歌曲的人，想必一定知道「椎名林檎」這號人物。名字中的「林檎」是日文中「蘋果」之意，讀音跟老一輩台灣人講蘋果的台語相同，所以大概很多人也知道蘋果的日文發音念「Rinngo」，只是不曉得原來「Rinngo」的日文漢字寫法，是寫成「林檎」吧。

學日文時，我一直對「林檎」這兩個字頗有好感。為什麼日文的蘋果要寫成「林檎」呢？原來「檎」指的是家禽，特別是飛禽，引申為鳥；而「林」顧名思義就是樹林。蘋果最初被稱呼為「林檎」，意思是形容這類水果甘美，結實在樹林中，連天空中的飛鳥都會忍不住成群聚集聞香。

蘋果最初也是經由中國傳到日本的。而且「林檎」兩個字，根本也源自於中文。有兩派說法，一派是中國古代最早對原生品種的蘋果就稱作「林檎」；另一派主張「林檎」在往昔是另一種水果，至於我們現在認知的「蘋果」則是元朝時期從中亞和印度輸入本土的。

無論如何，我們現在說蘋果是不會用「林檎」了，反倒是日本，仍在使用。就像他們總在許多細節中，保存了中國古時的習慣與用法。可能如今連中國也失傳的技藝和美學，卻被大和民族流傳下來，改良又進化成他們的文化。

我對「林檎」另外一份間接的愛，來自於對蘋果電腦和相關產品的情感。從微軟視窗系統的PC跳槽到蘋果MAC電腦，應該已超過十五年了。從前還沒有iPhone的年代，iPod在台灣的名聲也沒那麼響亮時，用蘋果電腦的人還非常少。因此別說蘋果直營店Apple Store了，授權零售店也鳳毛麟角。對於我們這種重度「果粉」（蘋果粉絲）來說，能踏進蘋果直營店就是一種朝聖。

二〇〇三年，東京銀座開幕了日本第一間、同時也是美國海外的第一間Apple Store，成為距離台灣最近的蘋果粉絲聖地。幾年後，我第一次到日本玩，當然將這裡列為必訪行程。直到現在，每一次經過銀座的蘋果商店時，都還是會忍不住想起當時帶著興奮期待又緊張的心，第一次踏進這間店的往事。

台灣人直譯Apple的產品為蘋果電腦、蘋果商店或蘋果iPhone手機，不過，同樣都是蘋果，日本人倒是沒把Apple產品翻譯成「林檎」。外來品牌名稱，想當然耳，是再度發揮了他們的外來語文化，把Apple硬生生用片假名「アップル」來發音，聽起來就像是「阿婆滷」。

阿婆滷出來的東西，種類還不少，其中一個是Apple Watch。當然，這在日本也是用外來語來發音。Watch的外來語發音念成「沃苣」，所以Apple Watch就成了「阿婆滷沃苣」，好像是道什麼美味的家鄉菜似的，肚子都餓了。

最近，我對Apple Watch倒是有一個自己偏愛的譯法。採字譯，而非音譯。手錶Watch有日文自己的說法，是Tokei，漢字寫作「時計」。於是，我覺得Apple Watch何以不乾脆稱作「林檎時計」呢？

自己認為還滿有詩意的稱呼，忍不住跟日本朋友說，如果我走進蘋果商店，跟店員說：「不好意思，請問可以試戴一下林檎時計（Ringo Tokei）嗎？」不知店員會做何反應？

朋友起初失笑，說：「大概會覺得你生在百年前的大正時代吧？」後來又正經起來，說：「對方肯定會先愣一下，但接下來就是你說你的林檎時計，他念他的阿婆滷沃苣，誰也不會糾正你。」

嗯，這就沒錯了。因為在日本社會中，好心的糾正有時也會被視為失禮。

10
大叔的小確幸

先別看見「小確幸」這三個字就急著翻白眼。沒錯，小確幸這三個字似乎早在台灣被用爛了，甚至連政客也曾來淌過混水，徹底把日本作家村上春樹自創的這個有趣名詞給汙名化，讓不少人開始對此詞彙感到反胃，甚而曲解了大作家最初陳述的心境。

小確幸，微小而確實（踏實）的幸福，原本是村上春樹在描述自己觀看棒球比賽和慢跑後，熱天暢飲啤酒時的幸福感。這個他自創的名詞，寫在很久以前的一本散文集裡，在日本沒引起什麼太大迴響，哪知道多年以後竟在台灣人之間瘋狂使用起來。

村上春樹寫下那篇散文時已是大叔，但描述這股回憶中的自己，其實當時大概才三十歲前後。以現在的觀點看來，三十歲連中年都還稱不上。因此嚴格來說，小確幸這三個字，最初被村上春樹寫出來時，其實根本算是個日本中年大叔（回顧過往而滋生）的心境感受吧。當年最迷村上春樹的大批日本男性讀者，如今都是四十歲以上的中年大叔了。而今，他們仍是最支持村上作品的主力消費讀者群，想必對於村上筆下的小確幸，也是很能感同身受。

那麼日本中年大叔的小確幸到底是什麼呢？在過去似乎很少有日本媒體會觸及這個領域。日本向來對於享受吃喝玩樂這件事，無論從美食雜誌、主題樂園、溫泉旅館、導遊書、電視行銷或旅行社的行程設計，似乎都營造出一股以女性為主的氣氛。好像只有女人才懂得發掘生活裡的幸福感似的。日本男人呢？彷彿跟「幸福」兩個字連結在一起時，就好像擔心會被認為不夠ＭＡＮ。

然而最近，情況有些改變。有愈來愈多主打中年男人「生活小確幸」的主題書、旅遊行銷，甚至是家電廣告都一一出現。其中，近來的最佳代表就是《孤獨的美食家》和《白天的澡堂酒》這兩部日劇。

《孤獨的美食家》和《白天的澡堂酒》兩部日劇是改編久住昌之的出版著作。《孤獨的美食家》原著以漫畫呈現，久住昌之擔綱故事主幹，谷口治郎作畫，改編成日劇以後更廣為人知，在台灣也很受歡迎，甚至還曾到台灣取景拍攝。《白天的澡堂酒》最初則是久住昌之的散文集，而後配合電視版日劇的播出，才發行由魚乃木三太改編的漫畫版。原本的散文集，其實只有澡堂（錢湯）和部分餐廳沿用到漫畫和電視劇裡，並創造出來一個虛構角色，實際上與作者本人的隨筆內容相差不少。

這兩部作品的主人翁，都是設定為四十歲大叔的上班族年紀。

以在東京電視台播出的《白天的澡堂酒》為例，主演漫畫主人翁內海孝之的演員戶次重幸年逾四十，正是日本四十歲世代上班族男性，邁進中年大叔的形象投射。他們日復一日地上下班，雖然有工作，但絕對說不上熱愛這份職業；在公司總是沒什麼特別了不起的表現，經常得承受職場上司施加的業績壓力；他們或許還單身，有大把一個人的時間，在白天上班感覺無奈，但下了班又百無聊賴。如此的角色設定，似乎多少反映出東京有愈來愈多上了年紀的單身男子生活實態。

然而，這樣的日本中年大叔，生活裡當然還是有一些小確幸存在著的。他們跟女性獲得幸福感的管道和方式有些不同。就像是《孤獨的美食家》的男主角，總是利用中午外出洽公時間找到一間美味的餐廳，一個人享受美食和啤酒的幸福感。至於「白天的澡堂酒」則更有重返男孩時代的青春叛逆了。故事中老是業績做不好的男主角，常利用上班外出洽公的時間，偷偷溜班去不同的澡堂（錢湯），道出文案所言「道德的違背和無上的幸福，就在澡堂」這股心情。泡完湯，主角總會到附近的居酒屋來杯沁涼的啤酒，拯救搖搖欲墜的靈魂。

《孤獨的美食家》和《白天的澡堂酒》裡主角的生活與工作的無奈，直擊了日本中年大叔的同感。我覺得特別有趣的是，主角一個人總是在餐廳或澡堂中，觀察四周人事物以後，就忍不住上演內心小劇場的幻想。這種暫時逃脫現實的阿Q精神，恐怕也是日本中年男人的寫照。而主角所做的事情和思考的生活觀，也命中紅心發掘出了中年大叔，如何得以享受生活小確幸的方式。因此《孤獨的美食家》和《白天的澡堂酒》兩部日劇，在日本最大宗的粉絲也以男性居多。

「即使是一個人，就算是中年大叔了也能不輸給女人。去大方追求生活中小小的幸福感吧！」應該是這波「日本中年大叔小確幸」趨勢中所傳遞出來的主軸。事實上久住昌之的其他著作，如享受一個人泡溫泉和美酒等相關著作，也都廣受中年男人歡迎。

除了有代表性的《孤獨的美食家》和《白天的澡堂酒》之外，近來JR北海道新幹線通車，宣傳海報也罕見地以兩位中年男藝人「Sandwich Man」作為旅遊宣傳的主視覺。捨棄過去鐵道旅行的廣告多以美女、知性資深女星為主，兩位中年大叔出現在這波廣告上，令不少民眾覺得意外，但也充滿新鮮感。海報上兩個男人結伴同遊的氣氛，頗有一種「辛苦工作也要慰勞自己」及「重溫學生時代跟男性死黨出遊」的氣氛，或許正可抓住中年男人的市場。

最後，不只是小確幸，還呈現出一股中年大叔的理想生活形象，那麼就得提到Panasonic近來以演員西島秀俊為代言人的家電系列廣告了。吸塵器、洗衣機、冰箱等等，過去這些家電產品的廣告代言人幾乎都是女性。即使是男性，也是偶像團體，或者有扮演妻子的角色出現。但Panasonic為西島秀俊塑造出來的這一系列廣告，完全就是以中年單身男子的家庭作為背景，不僅吸引有「大叔控」的女性，同時讓即將進入或已經是四十歲世代的男人，也有了美好憧憬的想像。

從此以後，新時代的日本大叔，大概再也不是只會流連在新橋、有樂町高架橋下居酒

11

旅人追求住宿的差異

跟公司的兩位前輩離開東京到外地出差。終於忙完了一整個下午的會議，傍晚進商務旅館check in以後，在各自走進房間以前，原本臉上已露出倦容的大前輩，忽然醒神。

「距離晚上跟廠商的餐會，還有一小時。還可以去大浴池泡個湯吧？五分鐘後走廊集合！」大前輩說。

小前輩和我同時點頭，像是一種誰也不會反對的，約定俗成的定律。

經常是這樣的，日本公司的男同事們若一起出差，進旅館後常喜歡又約了一道去泡湯。只不過別人可能只是在睡前才去，我們公司的前輩們，則特別喜歡在一入住後就即刻衝去浴場。當然不是他們家裡沒浴缸啦，只是大概都是大阪周圍出身的人吧，性子特別急。

浸在大浴池裡，大前輩稱讚這間商務旅館的浴場，裝潢得非常用心。我聽了才開始留心環顧四周，嗯，確實如此。要是不說這是商務旅館內附設的浴場，其實很像是高級健身房裡的ＳＰＡ溫水池。

「現在商務旅館要是沒有浴場，很難有競爭力。」小前輩回應。

喜歡泡湯的日本人，原本在日本國內出遊時，選擇飯店的基本標準之一，就是必須要有大浴場。不過，其實幾乎所有的觀光飯店，公共浴場早就是標準配備了。溫泉飯店裡提供的當然是溫泉；一般飯店就算沒有溫泉，也至少會有熱水池。

至於商務旅館，在過去則很少會附設浴場。這幾年日本旅館業最大的變化，就是提供上班族出差留宿的商務旅館，也都開始增設大浴場。因此漸漸的，沒有大浴場可以泡湯的商務旅館，愈來愈不吃香。公司的前輩們，這兩年在選擇出差寄宿的商務旅館，都是以有大浴場為前提開始挑選。

除了公司們的前輩與同事以外，我身邊認識的日本朋友們，大家在出遊住旅館時，對於房間的大小或是早上有沒有附早餐，其實都還好。但，要是沒有大浴場，大家就會有點遺憾了。雖然房間內的浴室也可以泡澡，但感覺就是不對。

台灣人出遊時，通常不會有這個要求吧。畢竟生活習慣不同。台灣人投宿的地方，若非是特別為了溫泉而去的飯店，大部分的人也不會覺得一定要泡到湯才行。即便知道旅館有大浴場也不會想去，覺得在房間內淋浴完就行的人，不在少數。

不過，台灣人對於旅館的房間大小，還有飯店早餐的豐盛度，常常就是評斷喜歡一間旅館與否的關鍵了。因為不習慣或沒真正體驗過日本狹小的居住環境，第一次來到日本玩的台灣友人，經常一走進旅館房間的共通發言就是：「房間好小！」所幸房間只要乾乾淨淨也就夠了，並不會有太多怨言。

一年多前，公司的社長和朋友在京都投資開設了一間京町家旅店。這類型用日式木造建築改建的旅館，房間都會比日本一般的旅館更狹小，也沒有空間能附設泡湯的大浴場。

一年下來，訂房住宿的旅客超過半數都是來自歐美。歐美人體形高大，要是兩個人住一間房，真的有點促狹。要是又剛好遇到身材很有「分量」的美國佬，兩個人恐怕進出房間都像是玩碰碰車了。大家都有點擔心。

負責旅館事務的靜姊，最後決定在房客check in的時候，藉著說明旅店內的設施，就跟大家先表明歉意，先行解釋一下日本京町家風格的旅店，空間都很狹窄。可能是先打了預防針吧，大家已有心理準備，等到真正進入房間時，也覺得理所當然了。

而原本最為擔心的歐美人，意外地非但不嫌房間小，還覺得十分新鮮有趣。

「這就是我們想像中的日本啊！太可愛了。」

靜姊說，很多身材高大的歐美人一走進房間，就毫不掩飾表露出欣喜。說到「可愛」時還要用上一句日文：KAWAII。整個萌到爆棚。

本來疑慮會讓旅客有所不滿的，居然還變成了優點，始料未及。歐美人出國旅行，大多數人真的是不太在意旅館房間大小吧。

雖然什麼都小小的，但是卻做到面面俱到的細緻。這是歐美人來到日本住宿狹小旅館時的結論。

我的腦海浮現的是旅館畫面，心裡想的卻是台灣這塊島嶼。

縱使小小的，沒有廣闊的領域，也比不上近鄰強大的經濟，但發揮僅有的所長，堅持一種面面俱到的細緻，是我們有能力追求的吧。避免半吊子的做事態度，發掘出不是東施效顰的專精，那條路，或許就能展開新的命運。

12
蓬勃的手帳文化

每逢十月下旬開始，日本的文具店和書店，就會出現一個巨大的變化。尤其在十二月達到最高潮。

那就是每個店家中原本擺設完好的商品，無論平常再怎麼暢銷熱賣，它們都得暫時退下，讓出寶座，為的是要迎接一年一度的「手帳」特展正式登場。

比聖誕卡和賀年卡出現的時間更早，同時也消失得晚，原本賣場中只會有一小區的「手帳」陳列區，從秋天起一直到跨年後的一月底為止，便會以最明顯的位置，比原先多出好幾倍的姿態，攻占大半個賣場。

手帳（てちょう／TECHOU），是日文，原本應該指的只是隨手攜帶的小筆記本，但這個詞彙的意義在這些年來已逐漸改變。現在，大多數的日本人一提到「手帳」多半指的就是中文的行事曆、日誌和年曆，特別是在規格設計上，著重於時間管理的行事曆。

每當歲暮年初，踏進東京幾間最出名的文具店和書店，例如銀座伊東屋、TSUTAYA蔦屋書店、紀伊國屋或BOOK1st.等書店，相信誰都會對那些玲瑯滿目的手帳感到驚歎。但，更令人覺得不可思議的，應該是觀察到原來「紙本行事曆」在日本，仍有如此龐大的市場。

在智慧型手機和平板電腦如此發達的時代中，多少人早已將每日的待辦事項、工作提醒從紙張轉化到網路雲端上，然而日本人仍鍾愛手寫行事曆。當台灣的書店和文具店一間間消失，或者還沒消失的，販售手機相關產品的面積也逐步侵蝕紙本平台，但同時在海洋另一端的日本，科技產業更為發達的日本，傳統的手帳文化仍方興未艾，形成一股極具特色且愈來愈蓬勃的文化。

日本人真的愛紙。因此，無論新聞報紙、書籍、筆記本或行事曆的市場，在全球仍是數一數二的龐大。在乎紙張種類和印刷技術的日本人，在製作手帳時，如何選擇適合的紙張，追求輕薄且書寫滑順的觸感，也成為手帳廠商的攻防戰。

因手帳而帶動的周邊龐大商機，統稱「手帳文具」於焉誕生。這些文具都是用來輔助手帳的使用，例如粗細不同、各色易於書寫又可如鉛筆擦拭修改的筆、高級鋼筆、輔助便利貼、紀錄貼紙，近來甚至推出可直接將手帳拍照後，儲存方便搜尋的數位化檔案，並易於跟人線上分享的ＡＰＰ。

手帳文具之外，教人如何使用手帳的書籍，每年也會推出好幾本。像是HOBONICHI、TRAVELER'S FACTORY等手帳品牌，都曾出版過「手帳指南手冊」教你如何徹底活用他們自家的行事曆。

又或者新聞報社或雜誌、出版社也會推出以「手帳術」為主題的特輯和MOOK，例如日經新聞發行的《每日過得充實的人之手帳&筆記本術》便訪問了八十位善用手帳的人，包括企畫出下北澤「B&B」啤酒書店的博報堂KETTLE社長嶋浩一郎在內的名人，以及一般上班族、家庭主婦，窺看他們怎麼使用手帳。

此外，雜誌《THE21》也以「成功的人，到底手帳裡都寫些什麼？」為主題，吸引了不少希望藉由手帳來管理人生的日本人。

手帳的周邊商機，教導與分析使用方式，甚至還因此促成「手帳名人」的誕生。館神龍彥號稱是「日本唯一的手帳評論家」，經常受邀傳媒專訪，出版過如《最強手帳改造術：五十八個創意提案×百款內頁選擇，打造人人稱羨的自我風格手帳》一書。

智慧型手機雖然方便，但漸漸也發現仍有手寫筆記無法替代之處。順天堂大學教授，同時也是專攻自律神經失調的醫生作家小林弘幸便主張，養成多多「手寫」的習慣，其實是重整安頓自律神經的好方法之一。在使用手帳時，情緒和思緒都會隨著手寫的速度而放緩，並且在計畫行程時，也會藉由時間管理來調整生活的步調。此外，手寫的內容，亦會比使用電腦打字在腦海中記憶得更久。

當今日本注重時間管理的手帳形式，主要是受到法國筆記本大廠Quo Vadis的影響。Quo Vadis在一九五二年，率先推出了以跨頁呈現一星期的行事曆。在一個跨頁中，以橫列表示星期一至日，再以縱列表示每日的時間，以小時為單位，讓每日計畫和未來幾天的預定事項，一目了然。

Quo Vadis引進日本後，逐漸改變了日本原先行事曆的設計樣式。九〇年代起，在Quo Vadis架構基礎上去設計行事曆的方向，大抵便已拍板定案。時至今日，日本又翻新出各種強調時間管理術的手帳，種類多到令人目不暇給。這些手帳雖然內部的細節或有不同，但形式上多會先以十二個跨頁開場，走完每個月的月曆後，接下來再以每個跨頁呈現每一週、每小時的行事曆。

傳記作家野村進曾表示，手帳的「跨頁」形式，對他的採訪寫作大有助益。比如當他在採訪人物時，左頁會記載訪談的時間流程與談話要點，右頁則會隨時記下當場的氣氛、受訪者的表情，甚至以圖解的方式，簡單勾勒對方與環境（尤其是在對方住家或公司）之間的互動關係。

文案作家・出版人系井重里，在二〇〇二年推出「HOBONICHI手帳」（ほぼ日手帳）則給予手帳更多的想像空間。在每個跨頁的月份之後，「HOBONICHI手帳」強調「一日一頁」的特色，每一頁的左半部是時間管理的行事曆，右半部則作為工作筆記或生活紀錄。下緣還有系井重里挑選的書摘名句，三百六十五日都有種天天向上，努力再努力的鼓勵打氣。

每一年的手帳跟手帳封套是分開銷售的，倘若你樂於嘗試新鮮感，那麼可年年更換；但要是你夠專情，只愛用一種模樣，那麼只需要替換內部的行事曆即可。從二〇一二年發行量為一・二萬冊後，到二〇一三年的統計，「HOBONICHI手帳」在全日本已衝到約四十八萬冊的銷售量。

除了「HOBONICHI手帳」以外，這兩年受到日本人歡迎，受到注目的品牌，還包括了MARK'S推出的「EDIT」系列，亦是類似「HOBONICHI」著重一日一頁的形式。以上這兩種，可謂是文青最愛的手帳品牌。至於媒體工作者、設計師、廣告人最近青睞的是由文具大廠KOKUYO推出的「JIBUN_TECHO」（ジブン）手帳。「JIBUN」是日文「自分」的拼音，中文是「自己」之意。這套手帳是由知名廣告人佐久間英彰所設計的，特色是分成DIARY、LIFE和IDEA三薄本，其中LIFE希望使用者能夠長年使用這本冊子，計畫未來幾年內想做的事，同時也可隨時回顧過去幾年實踐的事。

嫌手帳過重的人，平常可挑一本攜帶外出即可。「JIBUN_TECHO」在造型上很有日系極簡的設計感，雖銷售不錯，但也有不少購買的消費者表示，他們是略過LIFE那本不買的。問起原因，回答皆是：「都怕每一天沒好好地計畫了，現在還要把一輩子都隨身攜帶，未免太沉重了。」

其他尚有女性愛戴的「HIGHTIDE」手帳，以多彩色調豐富每日計畫；男性熟年上班族慣用的「高橋手帳」；以及在台港享有高知名度的中目黑文具名店「TRAVELER'S FACTORY」推出以旅行為主題，深受旅人喜歡的旅人手帳……至於用過這些手帳，最終還是覺得清爽簡單的格式就足夠的我，這兩年回歸到無印良品的手帳，認為價格最是便宜又實用。

無論哪一個手帳品牌，哪一種內頁的設計形式，不變的都是將每一天的時間切割得非常細微。就像是日本精準的氣象局，以每小時、每一街區為單位來預報天氣；或像是新幹線、巴士到站與發車的精準時刻一樣，這些手帳的廣受歡迎，展現出的是日本人在意魔鬼化的細節與精緻分工的性格。

老實說，日本人做事不一定有效率，但重視事先計畫與過程的專精執行，卻能讓事情的結果，達到近乎完美的地步。或許是這種性格孕育出了這些時間管理的手帳，也或許是手帳教育出了他們這般的性格，總之，這種共生關係，確實讓日本人在面對時間的敏感度上，與其他國家的人很是不同。讓人不禁懷疑，在懂得活用手帳的人身上，彷彿光陰也露出了偏心他們的馬腳。

13 敗部復活的手寫熱潮

兩件關於寄信的奇聞軼事，最近眼睜睜地發生在我面前。

第一件事。朋友帶著小學五年級的小孩到日本玩，在觀光景點看到了好漂亮的明信片，央求媽媽替他買，說要寄回台灣給班上同學。明信片買了，小朋友卻一直拖到回家當天才拿出來寫。花了好長一段時間，努力思考如何下筆，好不容易終於寫完了，小朋友將明信片交給我，請我幫忙寄出。我一看，發現最關鍵的部分居然沒寫。明信片上沒有收件人住址。

「對厚，寄明信片要有住址。前面已經寫了名字，就忘記最後還要寫住址。」小朋友尷尬地說。

我笑起來，忍不住問：「很少寄明信片吧？還記得上一張寄出的明信片或信件是什麼時候嗎？」

小朋友搔著頭，好像回憶被吸進黑洞的深淵，怎麼也想不起來。一旁的媽媽無奈地搖搖頭說：「我看，我應該沒收他爸爸硬要買給他的iPhone才對。該不會是手機的LINE用多了，以為只要寫名字就能送出去，對方就收得到了吧？」

第二件事。同樣也是寫明信片，這次是另外一個來日本玩的孩子，正在念高中的男生。高中生在ＬＯＦＴ文具店買了幾張明信片，回旅館認真地寫完以後，看見路上的郵筒就準備投郵寄出。我覺得隱隱不安，說請讓我檢查一下。接過明信片看，所幸這次明信片上都有寫住址。但是，下一秒卻驚詫，居然全沒貼郵票。

「啊，忘了。我以為明信片買來就附郵資，直接丟進郵筒就可以了。」他說。

東京向來不缺烏鴉，今天感覺特別多，而且還帶著三個巨大的黑人問號飛來，盤踞在我頭上硬是不走。

怎麼回事呢？但仔細想想，實在也不能怪他們吧。就想想我們自己，一年當中到底又有幾次，是拿出紙筆來好好寫張明信片或信件，走到郵局買張郵票貼上去，再投進郵筒裡呢？

不過，正當以為手寫信時代在這個世紀快要滅跡之際，近幾年「拿筆寫字」的風潮似乎又開始有復甦的跡象。台灣流行買鋼筆抄書寫字，日本也是。

日本比台灣更在意手寫字的原因，在於所有的求職履歷表，公司都要求必須是手寫的。像是台灣用電腦打字列印履歷表或是線上投履歷，在日本極為鮮見。因此字寫得好不好看，變成第一關，幾乎比面試還重要。

最近日本的年輕人當中有一大族群，相當反常地忽然間愛上手寫信的懷舊氛圍。日本郵政有一機構名為「青少年筆會」，會員數根據資料統計，二〇一六年成立之初有六千九百七十三人參加，一年後的二〇一七年八月為止，會員已增加到九千一百一十二人。他們都是手機世代，嫻熟於網路SNS交際，卻為什麼忽然回頭寫信呢？

表面上的原因，是說覺得手寫信可以挑選適合對方也表現自己的信封信紙，展現心意，同時因為郵寄與收件需要等待，也讓期待的過程增加了浪漫性。再者就是近年來日本媒體不斷鼓吹，手寫字對身心健全乃至於大腦的發展有益，因此也讓這群沒經歷過手寫信時代的年輕人，覺得新鮮想來嘗試。

但其實我想，背後還有一個更重要的原因，是有一部分的人，開始厭倦過度頻繁的網路交流。無論從工作到私人交友，網路傳訊常有被追著回覆的壓力，或者有時自己也控制不住，因為在意對方已讀不回而影響了自身情緒。再加上日本人本來就比較在乎隱私，所以滿介意一不小心就在Facebook或IG的照片中，過度曝光私生活行蹤，於是到頭來，還是純文字的推特最受日本人歡迎。

在全新iPhone又發表上市的今天，敗部復活的手寫信熱潮也沒冷卻。歷史最有趣的地方，就是所有你以為一去不返的，最終只不過都迴盪在鐘擺效應裡。

02 拆開包裝見真章

就像是產品裡總是有一本詳細至極的說明書，只要依循前人留下來的SOP流程即可。被照顧得很好的日本人，一但失去了「說明書」，經常也就失去了應變的能力。

01

下起雨的時候

是否曾經見過這樣的光景？當你去日本，遇見下雨天的時候，常常就會發現廁所裡、電車上有許多掛著的透明塑膠傘呢？想必是直覺地認為，那些都是不小心被主人遺忘的傘吧？

一開始，我也曾經這麼以為。懷疑日本人是有這麼健忘嗎？難怪日本藥妝店裡會賣各式各樣補腦的銀杏維他命，甚至還推出了記憶口香糖。但是，後來才知道，那些透明傘原來有很大一部分，其實並不是被遺忘的。它們是被刻意丟棄的。

如果壞掉而丟棄了那情有可原，但比較特別的是，那其中大部分的雨傘，仍然是完好可以使用的。只不過是因為天空放晴了，帶傘的人覺得麻煩，就決定丟在路邊、廁所或電車裡。

那些透明傘，大多出自於便利商店或藥妝店。

剛好遇到下雨，沒帶到傘時，日本人很習慣會去買把透明雨傘來用。依照大小，通常分成兩種價錢，定價大約落在日幣三百、五百圓左右。因為不是太貴，丟掉也不會心痛。

雨過天青以後，街上的垃圾桶周圍，往往會堆滿折斷壞掉的透明傘。因為已經不能使用，所以被丟進垃圾桶也是正常的。只是數量龐大，往往因為塞不進去而散落在垃圾桶周圍，那場面總是驚人。

根據統計，日本每年賣出約一億兩千萬到一億三千萬把雨傘。其中絕大部分都是便利商店賣出的透明塑膠長傘。很多人一年下來，都會買三、四把透明傘。

當日本下起雨的時候，不環保的除了這些透明塑膠長傘以外，還有商店前擺放的塑膠傘套。

每進一間店就用一個傘套，出了店就丟，然後進到下一間店，又抽一個新的傘套用，離開又丟。始終是我覺得日本人其實好不環保的一幕。

「如果還能用，為什麼不帶回家呢？這樣多浪費？」

我曾經目睹我的日本朋友，就這樣把好好的傘給丟在廁所裡，於是詢問他。

朋友回答我，他一開始確實會帶回家，可是後來發現家裡實在堆了太多雨傘，所以才把還能用的傘也丟了。

「而且天都晴了，有時候還得帶支傘走來走去，不覺得很礙事嗎？」他問我。

「那就帶把摺傘放在包包裡就好啦。」我說。

「那也麻煩呀。」他回答。

總而言之，下過雨，手上拿著透明長傘嫌礙事；未雨綢繆，帶著摺傘在背包也麻煩。

人生，往往就是不斷地試圖逃避所有礙事的麻煩，但現實的卻是，永遠避不開一場難以提防的驟雨。

02 會鞠躬的印章

這幾天日本推特上流傳一則引起熱議的貼文。有一位網友在半夜四點半手機響起，居然是客戶打來的抱怨電話，指責他不懂「印鑑禮儀」。原來是該網友在開給客戶的請款單上，蓋下的印章「沒有鞠躬」，認為非常失禮。

「會鞠躬的印章」在日本職場被稱為是一個都市傳說。據說最早是從金融界開始的。雖然沒有明文規定，但卻是默默養成的怪奇規矩。在社內的公文上，如果遇到需要各個單位、負責人蓋印章確認閱畢時，一字排開的圓形姓氏印章，會依照職位階級傾斜蓋印。比如社長是蓋正的，旁邊的部長蓋印時就會傾斜一點，接著旁邊再蓋印的課長又會再傾斜更多。這樣看起來，位階低的負責人蓋下的印章，對著旁邊位階高的前輩，就像是鞠躬。

在這則推特貼文被眾人轉發以後，很多日本年輕人都感到不可置信。以為這種不可思議也沒什麼意義的陳腐文化只是往昔的「都市傳說」而已，想不到現在還殘存。網友對淩晨四點半客戶打來電話也覺得不可理喻，認為這才是沒禮儀。不過，我看了大家的反應後更好奇的是，淩晨四點半打來的公事電話為什麼要接啊？說到底睡覺時就該把電話關靜音的。

我的公司裡沒有「印章鞠躬」的老文化，住在日本許多年，印象中也沒碰過。倒是剛來東京時，用的印章是從台灣帶來的正方形篆書印鑑，經常一蓋下去，日本人都會忍不住對我說：「這看了都會肅然起敬。」因為日本人的印章多是圓形的小章，公司的同事說：「正方形篆書大印，感覺像是國璽等級，聖旨來了！」

去百貨公司時，總會盡量避免碰到開店營業或打烊時間。因為在這兩個時段，所有的店員都會聚集在走道上、電扶梯邊和出入口，一字排開對你鞠躬，畢恭畢敬迎與道別。雖然知道這是一種以客為尊的日式禮儀，說穿了不過也只是個形式罷了，但被人一路敬禮總有股不自在的尷尬。

在稍微高級一點的店裡購物，結帳後日本店員習慣要把商品提到店門口再交給客人。最後當然不會忘記送上一個鞠躬道別。有時候我其實還想逛逛，但人家都已經要送客了，於是也只好離開。後來我學會婉謝，在結帳櫃檯就直接拿走商品。大多數的店員此時都會露出一股抱歉表情，問：「這樣可以嗎？」我點頭說當然沒問題，然後店員就不會送客到門口了。彼此都省事，都鬆了一口氣。

剪髮的美容院，設計師也會送客。送到門口或電梯口，當你踏出大門或關上電梯門的那一刻，奉上鞠躬。對方會一直彎著腰，直至電梯門完全闔上。電梯還好，如果是路面店的話，包括上述稍微高級一點的服飾店，店員就會站在門口目送你遠離。日本主客之間不知道是從哪兒養成的默契，客人總會走幾步路以後就回過頭來，店員就會再次鞠躬道謝，這樣才算完成一個套裝行儀。我的台灣朋友聽聞，笑著說：「根本是一種S&M的抽查遊戲啊。」

雖然說有禮總比無禮好，但有時候去店家消費，看見明明是年長的長輩，還要對自己彎腰敬禮總是非常地過意不去。

日本在許多教導禮儀和員工職訓手冊裡，都會清楚介紹鞠躬的規矩。從鞠躬角度、秒數和目光投射的方向，都有一套原則。

我看過一本書介紹打招呼的頷首行禮是彎腰十五度，停格一秒，目光投向對方的肩膀；表示謝意的普通禮是彎腰三十度，停格二秒，目光投向自己腳尖前方約一．五公尺處；最具敬意的禮則是彎腰四十五度甚至九十度，停格三秒，目光放在腳尖前一公尺處。鞠躬時背必須像是一片木板般打直，鞠躬和起身的速度必須一致。

偶爾在街上，會見到有人只是打電話而已，明明看不到對方，拿著手機的人還是會一直對空氣鞠躬，那便可謂是最高境界了。這樣的人如果在職場遇到印鑑鞠躬的文化，蓋章時，肯定會整顆印章一八〇度正反倒立吧。

03
危險置物櫃

去關西出差的最後一天早上，從旅館退房後決定先把行李拖去京都車站寄放，心想忙完一整日行程後，傍晚就可以回到車站，直接拿了行李就搭新幹線回東京。怎料走到自動寄物櫃前時，被保安阿姨攔下來。告知因為即將舉辦「G20高峰會」，所有寄物櫃都暫停使用，直到會議結束後才重新開放。

「什麼時候開始暫停使用的呢？」我問阿姨。

「昨天開始的。」操著濃厚關西腔的阿姨回答，還爽朗地補上一記：「運氣不太好，遇上囉！」

G20高峰會在日本大阪舉辦，舉辦日是六月二十八、二十九日兩天。我沒想到這麼早，才二十日開始就禁用置物櫃了。

這是日本的習慣。只要每逢舉辦國際性的重要會議，日本政府就會在那段時間，關閉舉辦地和周圍城市的車站置物櫃。

這次大阪是舉辦地，周圍的京都和神戶也一起執行了這項命令。如果是在東京的話，就會擴展到橫濱，所有

ＪＲ或地下鐵的置物櫃都暫停使用。不僅置物櫃無法使用，垃圾桶也會封起來。目的是防範有心人士在置物櫃或垃圾桶裡，放置爆炸物或危險物品。

正當我苦惱該拖著行李往哪去的時候，所幸保安阿姨閃了閃眼睛，指引明燈似地告訴我，只要往旁邊走，轉角那裡就有一個櫃檯，有人幫忙寄物。原來投幣式寄物櫃雖然無法使用，還是開闢了一個人工寄物櫃台。

走到人工寄物櫃台，才發現有許多拎著行李箱的遊魂們，早已在這裡排隊。一件行李七百日幣，不限大小。我提的是登機箱，如果存放在置物櫃的話，最小的櫃子可以塞得下，大約日幣三百至四百圓，即使再大一級的櫃子，也不過六百。不免有點吃虧之感。但也沒辦法，總比拖著行李箱四處跑來得好。

其實別的國家車站裡自助置物櫃都少得可憐，很少有像日本的車站有那麼多的置物櫃可以用。就因為實在太方便，早把大家給寵壞了，所以一旦不能使用時，確實造成不少海內外觀光客的不便與埋怨。

我只是納悶，全面禁止使用置物櫃，不就是怕有人假藉寄放行李，其實是存放危險物品嗎？結果另外開一個房間，人工存放行李，有差嗎？畢竟寄放行李時，又沒有像是機場通關那樣掃描行李內裝了些什麼東西呀。定時炸彈還是可以輕鬆寄放，遙控引爆吧。全面封閉置物櫃和垃圾桶，那還有車站廁所呢。如果真把車站廁所也關閉的話，車站周圍百貨公司的廁所關不關？

總之，我覺得有心人士真要放炸彈的話，還缺沒有地方放嗎？

好吧，我沒有激動，原諒我最近在Netflix看太多推理犯罪劇了。但我仍然想說，如果要我列出日本大都會裡，最恐怖最神祕的地方，其中一個必然就是置物櫃。

日本從一九七一年起，開始發生有人將棄嬰鎖進置物櫃的事件。新生兒在置物櫃中被放了好幾天，直到惡臭傳出，才發現內有屍體。在那之後的兩、三年內，同樣的置物櫃棄嬰事件竟發生高達四十三起，被輿論稱為「Coin Locker Baby」社會問題。作家村上龍曾以此為主題發想，寫過一本《寄物櫃的嬰孩》的小說。而除了棄嬰之外，被謀殺的成人屍體也曾被分屍，分別置放在大阪各處的置物櫃。

這幾年來，因應觀光客的大件行李，置物櫃的尺寸也愈來愈大。結果就是也不用分屍了，直接把人裝進一個大行李箱，就能寄放置物櫃。二〇一五年在東京車站丸之內口的置物櫃，就發生了這樣的悲劇。

結論就是，置物櫃的危險，並不在於Ｇ２０高峰會。我估計往後在日本舉辦的其他國際會議，置物櫃就算不封閉，大概也不會被放什麼危險物品吧。

日本置物櫃的真正危險，不必等到恐怖行動，因為在日常生活中，可能隨時都在發生。

在哪裡？也許就是當你下一次拖著行李，經過的某一個置物櫃。

04
公共電話前傻眼

前陣子，聽說台灣的郵局打算要拔掉許多街上的郵筒，因為現在已經沒有人在寄信了。走在東京街頭上的我，看見這則新聞時，起初有些淡淡的失落，但很快地又感到安慰。因為隔了一面海洋，那些郵筒其實並不孤單。它們有個在倉皇的大時代裡足以同病相憐的伙伴，那就是大街小巷裡更早開始消失的公共電話。

好想做個統計。在幾乎人手（可能不只）一支行動電話的現代社會裡，你有多久沒觸摸過公共電話呢？五年，或者十年？我真的想不起來，上一次拿起公共電話是多久以前的事情了。

從前在東京的車站裡還能看到很多公共電話。最近電視上重播一九九一年的日劇《東京愛情故事》，片頭曲很經典的一幕是在新宿車站內，繁忙的人潮排隊等候一整排公共電話的畫面。那裡自此亦成為新宿站的象徵地標之一。

自從手機普及以後，新宿車站內那排公共電話早就寂寞了很久。直到三一一東日本大震災那年，才忽然人氣強勢回歸。因為歸宅難民們的手機沒電，訊號又不通，於是只好乖乖排隊打公共電話報平安，重現了二、三十年前的盛況。

地震過去許多年，公共電話又被遺忘。現在，新宿車站那排安裝公共電話的位置，全變成了投幣式置物櫃。畢竟一台電話，一整天可能也沒人投一毛錢，但置物櫃有觀光客的需求，生意永遠興隆，好賺多了。

很久沒用公共電話是一種狀況，而完全沒用過公共電話、不知道怎麼用的又是另一種現象了。

在日本，有人做了一項田野調查，發現現在的日本中小學生根本不知道如何使用公共電話。報導中有幾個小學生，給了他們錢幣讓他們試著打公共電話，結果大家都沒有先把話筒拿起來就投幣和撥打按鍵，然後搞不清楚為什麼錢一直掉下來。或者給了電話卡，但一半以上的人都把卡片給拿反，錯誤插卡。還有個十九歲的大學生，讓他從記者手中挑硬幣去打電話，結果他拿了五十圓硬幣。走到電話前時傻了眼，才知道原來日本的公共電話只能投十圓和一百圓硬幣。

北海道胆振東部大地震時，道內大規模停電，手機也通訊不良，民眾唯一可以對外聯繫的方式只有公共電話。於是，公共電話的存在，突然又被想起來了。現在為了培養小朋友遇到災難時的緊急應變對策，政府計畫開始派專人推著模型機，去各個學校教學，怎麼用公共電話。

不過，我猜大概幾年以後，要是沒什麼災害發生的話，這件事情也就會不了了之，而公共電話終究又會被打入冷宮。

平常都遭受冷落，卻在不得不的需要時才被想起來，身為公共電話，這種被利用的滋味應該還挺不好受的。

想起一些人，似乎也是這樣交朋友的吧。平常少聯絡，出現時總是要你幫忙，當我們迅速且熱情幫忙完以後，對方又消失，連謝謝都不說一聲。有一天，當你反過來有求於他時，他卻訊息要回不回。

總在這時候，便深深以為這個世界上真正應該消失的才不是郵筒和公共電話，而是這些只會利用別人的壞心腸。

衷心希望郵筒和公共電話會成為好朋友。祝一起消失的它們，能在我們不知道的角落裡，一個用文字，一個用聲音，復古地相親相愛，浪跡天涯。

05

圖書館裡的事

如果一篇文章的標題是「日本的圖書館」，你會想到什麼？跟我同世代又喜歡日本的朋友，應該很多人腦海中都會立刻浮現出《情書》這部電影吧。

岩井俊二導演的《情書》由中山美穗主演，還捧紅了當時的小鮮肉柏原崇。柏原崇站在陽光灑進室內的窗前看書，微風捲起窗簾陣陣翻飛，那靦腆模樣，早已是日本電影的經典畫面之一。而兩個同名同姓的「藤井樹」在借書卡上寫名字的橋段，也為圖書館借書這件事，增添不少浪漫的情懷。因為這部電影，後來台灣還誕生了以「藤井樹」為筆名的暢銷作家。

除了《情書》以外，提起日本的圖書館，另外我想到的還有作家有川浩寫的故事《圖書館戰爭》，以及村上春樹的《圖書館奇譚》這則短篇小說。

《圖書館戰爭》曾改編成電影、動畫和漫畫，非常暢銷。故事設定的背景，觸及政府為控制秩序而審查媒體，包括圖書館裡的出版品。但一群愛好閱讀和圖書館的人士群起對抗，為了守護圖書館的自由而發動戰爭。雖然是描述假想未來的娛樂小說，其實也多少諷喻了時事的荒謬。尤其是近年來，許多國家的保守主義再次抬頭，政府介入言論自由，一點也不是遙遠的事。至於《圖書館奇譚》說的則是一個少年走進圖書館裡的黑暗密室，遇見「羊男」和一個女孩，開展出一段奇幻與愛情的旅程。說起來村上春樹挺愛把圖書館當作故事場景的，不只這篇小說，圖書館在其他部作品裡也經常登場。

日本其實有不少電影或小說都愛把圖書館變成場景。可能圖書館多半跟學生有緊密的連結，是一種青春的象徵。日本人本來就熱中於歌頌青春，於是雙效合一，寫故事的人回溯了自己的青春，看故事的讀者也有所共鳴。

許多人去圖書館，不一定是去借書或找資料，而是去吹冷氣。學生或準備資格考試的人，常會帶著自己的書跟資料，走出家門去鄰近的圖書館看自己的書，把圖書館當自習室。我們在學生時代也有這種經驗。在日本，有些圖書館會特別設置自習室，但大多數都沒有，桌椅就是散落在各個樓層的報刊書架之間。對於「把圖書館當作自習室」且一待一整天的人，日本有不少圖書館其實都不太歡迎。

東京都立圖書館就在網站上明文規定「請勿只為了利用座位，帶資料入館閱讀」。如果員工發現有人不是在看館內書籍，只是在自習的話，甚至還會上前勸導。只是，要如何判斷攤在桌上看的書是不是館內書籍，本身就是件高難度的事吧。

不過，隨著現代人漸漸遠離書本，圖書館開始意識到不該再如此設限。大阪市立圖書館從二〇一八年三月起，就宣布對「自習解禁」。愛知縣田原市中央圖書館館長也說：「總之先踏進圖書館吧！希望大家能在這裡遇到各式各樣的知識與人士。」

旅人到日本玩，大概不會去圖書館。現實生活中的日本圖書館，到底是怎麼樣的風景呢？我想起來我那非常愛看日本戲劇和小說的台灣朋友，曾對此非常好奇，有一回來日本玩時，特別央求我領他去日本的圖書館走一回。

我們去了公司行號較多的某區役所（市公所）附設公立圖書館，時間是平日的中午。結果一踏進圖書館，我朋友就對眼前人滿為患的場面給震懾到了。

不是被日本人強烈的閱讀風氣給嚇到，而是沒想到八成是穿著西裝的上班族，趁著午休時間吃飽飯了，就在圖書館裡坐著打瞌睡。大概因為趴在桌上睡太誇張，所以每個人都是坐著好好地睡。大家排排坐，非常整齊劃一。沒有人睡到摔下座位，也沒有打呼聲音，整個空間像是被誰按了暫停鍵。我朋友繞了一圈，怕打擾大家睡眠，就速速撤退，也算是見證了一回世界奇妙物語。

前陣子看過一篇新聞報導，說有人研究，書上油墨的味道會讓人想上廁所。尤其是上大號。令我不禁好奇，每天中午睡在圖書館裡的那些上班族，是否也比較眷戀馬桶？我忽然想起，以前在學校的圖書館，廁所總是常常客滿，搞不好真有關係。

06

背著竹籃的狗：犬張子

在日本的鄉土玩具店、神社或店家等地，應該曾經看過有人會擺放一種用紙黏土做成的小狗。這種以木頭、竹片做出雛形，然後鋪上黏土，最後外面再用和紙包裹著色的紙黏土工藝，在日本稱作「張子」，而紙黏土狗則被喚為「犬張子」。

看起來圓圓胖胖的外形，因為是紙黏土，拿起來比想像中輕。五顏六色的彩繪很搶眼，更討喜的是那張狗臉，無辜的表情好惹人疼惜。

這幾年，奈良老舖中川政七商店都會在年末年始時，推出紙黏土生肖。因為價錢便宜又可愛，每年十二月中旬上市以後，很快就會被搶購一空。連續幾年下來，我已經蒐集了好幾個生肖，今年的犬張子當然也沒錯過。

中川政七商店賣的犬張子，單純地就是一隻狗狗而已。不過，走訪其他地方會發現，很多店家擺飾的犬張子，以及神社寺廟如淺草寺的正月裝飾，那些犬張子上面還會背著一個竹籃。

為什麼要背上竹籃呢？而且那竹籃是倒過來的。也就是說，並不是要狗狗背運東西。原來，犬張子背著竹籃，是有帶來一整年歡喜的象徵。因為「笑」這個子，遠遠看起來，就像是「犬」上面有個「竹」，所以在日本就有了這樣的習俗。

狗年的犬張子流行背竹籃，不過，在其他場合，牠們會背起其他的東西。例如，在某些神社裡看見的犬張子就比較「任重道遠」一點了。牠們背的東西很多，通常會有三樣東西，包括扇子、錢幣和太鼓（手搖鼓）。這些犬張子，是用來祈禱小孩順利長大的。因為狗一胎就生很多隻，久而久之變成家族興旺或祈禱生育順利的象徵。

一項從名古屋熱田神宮發源的傳統，在小孩出生後一個月左右，第一次到廟宇參拜時（日文稱為：初宮参り），家長們會準備背著這三樣道具的犬張子為小孩祈福。扇子在華人世界有分散的不吉利意味，但在日本，折扇則有人生寬闊開展的象徵；錢幣不用多說了，就是會有錢的意思；手搖鼓則代表孩子會如同兩面相同的太鼓，成為表裡一致的大人，並且能敲擊出響亮的生命。

有趣的是，不知道是不是因為日本人實在太愛貓的緣故，總覺得這些犬張子畫出來的長相，怎麼看都覺得像是貓。我有個非常愛貓的朋友，前陣子恰好在正月期間來東京，看到街坊出現許多的犬張子時，都堅持說那是貓的COSPLAY。我愈看也覺得愈像。

犬張子雖然被畫成像貓，但真實世界裡，日本人對待狗和貓的方式其實還是不太一樣的。別的不說，光是走在東京街頭，你就會發現，街上從來不會出現任何一隻流浪狗，然而流浪貓卻很多。原因是在日本，養狗必須跟市公所登記，但養貓不用。連帶著主人丟狗會被罰錢，但丟貓居然不罰。另外就是狗被認為會有狂犬病的可能，威脅人的安全，所以地方政府看見流浪狗就會立刻捕抓，但貓不在此限。

所以在日本到底當貓好，還是當狗好呢？不管當什麼，被丟棄了都不好。身為寵物，命運是跟對主人就好。

話題回到犬張子。其實，有犬張子，也有貓張子。到底兩者有何不同呢？比較了一下，似乎最大的不同只是鼻子的畫法。狗的鼻子就是一個原點，貓的鼻子較長，會從兩眼眉心開始往下畫。而且，也有背著竹籃的貓張子。問題來了。「竹」加「貓」並沒有這個漢字，那麼又是代表什麼意思呢？我難得發揮好學精神查詢了好一會兒，得到的結果居然卻是「沒有這個漢字，但傳統上也會讓貓張子背上竹籃」。什麼嘛！差點翻桌。

只能勸告全天下不想莫名其妙背起竹籃的貓，就別當四腳著地的貓張子吧，好好挺起背脊站起來，你就能變成招財招福貓。雖然，一直舉著手也很累就是了。

07

火車是魔幻的

我愛上火車這兩個字，是這近十年的事。

對這兩個字我習以為常，但每次告訴對中文有點興趣的日本朋友時，每個人的反應都超乎想像的激烈。

「天啊，太魔幻了！居然叫做火車？」大家都好驚訝。

原來在日本的民間傳說中，火車，是一種妖怪的名字。解釋起來有點驚悚，火車這種妖怪做的事，是專門奪取生前幹盡壞事的亡者死骸，原型來自於貓怪。後來也轉用成形容經濟迫切的折磨窘態。所以宮部美幸的《火車》可不是跟火車有關的推理小說，而是金融經濟背景的故事。

無論哪一種意思，都跟中文用法南轅北轍，對我來說也同等驚訝。

火車本來是個可怕的妖怪，因為在台灣天差地遠的語言使用，讓我的日本朋友留下深刻印象，也成為他們在聊起台灣鐵道旅行時的題外話。而原本對這兩個字沒有特別感覺的我，受到他們的影響，竟也從此有了全新感受。

住在台北的時候，我其實很少會搭台灣的火車，反而搬到東京後，比以前有更頻繁的機會。因為我的日本朋友常會趁著我回台時拜訪台灣，我就得擔任起觀光大使的角色。從前連看火車時刻表都不太熟稔的我，因此領著他們去了跟湘南海岸江之電締結為姊妹鐵道的平溪支線，以及搭著通勤火車去到新竹廟口，當然也沒忘記坐高鐵去中南部。

日本人大多是抱著一股「朝聖」情緒去搭台灣高鐵的。畢竟是第一條日本輸出海外的新幹線，去搭車總有「應援」的支持意味。他們喜歡比對台日車廂內的細節與服務，處處新鮮。

至於搭過台灣火車的日本人，年輕朋友會對像是從日本進口的自動收票機感到熟悉，而若是六十歲以上的長輩，則會覺得台灣地方支線的火車，從車站到沿線的風情，都盈滿著懷舊的況味。

在日本搭火車搭久了，我回到台灣最不習慣的事，是車廂內只買到站票的人，常會圍繞在你的座位周邊。人多擁擠時，自己雖然有位子坐，也覺得不安。在日本的火車上幾乎不會見到這樣的場面。沒有座位的旅客，大多會站在門邊，或有廁所的那列車廂內。

另外還有一點跟日本很不同，就是在台灣搭火車或高鐵時，經常當你上車找到自己的座位時，發現已有人坐在你的位子上了。因為還空著，所以就先坐一下，等有人來時再離開也沒關係，是不少台灣人搭火車的邏輯。但要是恰好碰到老爺爺老奶奶，在自己的位子上累得呼呼大睡，忍心喚他們起來嗎？雖然我明明是有位可坐的票卻得罰站，也不是太人道啊。

不過這些事在日本旅人的眼裡看來，遇到了，也就算是體驗台灣的風土民情吧。要是任何狀況都跟日本一模一樣的話，異鄉旅行也就失去落差的趣味。跟著日本朋友一起在台灣搭火車，從他們的角度，我亦重新認識一回台灣。過去不以為意而忽視的，如今都有了新感覺。

前兩天，整理電腦檔案時，看見一張照片。幾年前到台北玩的日本朋友，拉著我在台北車站前拍下的自拍合影。想一想，這可能是我這輩子，第一次跟台北車站的合照嗎？大部分台灣人都嫌醜的台北火車站，我的幾個日本朋友居然情有獨鍾。夜裡打起燈來，我們說像電子花車，他們也說美。

因為對於他們來說，很多人的台灣旅程，正是從台北火車站開始的。只要站在台北火車站前，就覺得：「啊！『回到』台北了。」

果然「火車」是魔幻的。回憶的魅力，放在旅途之中，正宛如蠱惑的妖怪，抓著旅人深深地沉醉在，有別於日常現實的異鄉美好裡。

08
大人味的世界

日本偶像劇《四重奏》的編劇，出自於《最棒的離婚》劇作家坂元裕二之手，由松隆子、滿島光、高橋一生和松田龍平共同擔綱主演。這齣戲標榜內容融合進愛情、懸疑、喜劇等要素，交織出一部「苦中帶甜，有如黑巧克力滋味一般，『大人的』愛情懸疑劇」。

這樣一齣「大人的日劇」在收視率上的表現，除了第九集有到十一％以外，其他每一集都僅有個位數字，最終以平均收視率八．九％作收。雖然收視率表現得不太亮眼，但是從日本到台灣的網路社群上，這齣戲引起的話題與討論卻不少（注）。多數人都公認《四重奏》是這一檔的日劇中極為細膩的好戲。伴隨著劇情的始末，當初在宣傳台詞裡特別強調所謂「大人的日劇」也成為話題之一。

所謂「大人的〇〇」，在日文中是「大人の〇〇」或「オトナの〇〇」。這幾年若你來日本遊玩，經常留心街頭廣告或店家賣場風景的話，不難發現，所謂「大人的〇〇」的關鍵詞，從飲料、零嘴、酒，到書籍、店家或遊樂園，甚至現在是戲劇等等都會出沒。以「大人」為主打對象的東西，在各種領域俯拾皆是。

大人不就是成年人嗎？不過現在對於日本人來說，這名詞似乎比過往又多了一些層次感。「大人」這個詞彙，彷彿開始象徵的是一個新族群，一種新的生活型態、價值觀與獨愛的口味。

到底日本人視「大人」是幾歲以後，才叫做大人呢？這裡的「大人」跟日本人會舉辦二十歲「成人式」來象徵成年，在意義上又不太一樣。雖然法律上確實規定十八歲開始有選舉權，二十歲以後可飲酒，在實質上是真正為「成人」下了定義，不過在日本人的感覺中，那樣的成人跟現在常說的「大人的○○」中的大人，仍有曖昧的迴異。

日本社會之所以會有「大人化」的趨勢，除了商業活動的推波助瀾以外，根本上還是與當今日本的人口結構息息相關。目前日本總人口數是一億二千萬人。其中最多的人集中在四十歲至六十歲之間，而平均年齡的中間值則是四十六歲。因為長壽，日本老人的年齡定義向後移，原本中年的這個族群擴大了，但說「中年」聽起來總有種「過渡期（從青年過渡到老年）」的昏暮感，若以「大人」來替代，似乎在心理上便也感覺到圓滑許多。

這個年齡層的人，因為經濟基礎穩定，體力尚毋需堪慮，對於事物的喜惡更為分明，而且對生活的興趣也比年輕時更確定，所以其實只要業者能命中紅心，那麼就是很明確可以掌握到的一批消費族群。

例如JR東日本鐵道公司在多年前，就已經開始主推「大人的休日俱樂部」特惠專案，聘請吉永小百合作為形象代言人，鼓勵大人們四處遊玩，旅行可不只是「青春十八」的權利而已。東京迪士尼樂園早在多年前也找來熟女黑木瞳做代言，廣告中也是主打「大人的遊樂園」。畢竟米老鼠不會長大，愛著他們的粉絲們可是會老的。怎麼樣一輩子都牢牢抓住粉絲的心，極為重要。

近年來東京新興的商業設施，幾個受矚目的據點幾乎也都以「大人的○○」作為主攻。例如代官山的蔦屋書店、二子玉川的蔦屋家電，便曾明確地表示希望打造一座「大人的書店（家電）」空間。澀谷原來只是十歲至二十歲世代的嬉遊區域，當「澀谷HIKARIE」落成時，也以「大人的澀谷」作為訴求，翻新東京人對澀谷的定義。不約而同，有樂町的阪急、LUMINE和銀座東急廣場，及二〇一七年四月下旬開幕的「GINZA SIX」配合銀座這一帶原本就是大人味濃郁的鬧區，都特別強調要為大人們做出生活新提案。

在眾多的「大人」消費中，最頻繁使用大人這個關鍵字，且品目占據市場最大宗的，當屬日本的甜食和零食市場中，標榜「大人味」的甜品了。過去日本的甜食與零食廠商，都以開發小孩和家庭市場為主線，可是近來很明顯地主推大人的甜食和零食愈來愈多。定價稍微高一點，但標榜品質好，包裝設計也更有質感，口味調製上也符合大人喜好的味覺，成為廠商擴大市場的走向。

各家零食廠商承認，消費者目標的戰略，已從小孩轉換為大人。像是明治的「大人的蘑菇山」、不二家的「Country Ma’am：大人的香草、可可」和雀巢的「KITKat：大人的甘甜」都是此類型產品中的暢銷單品。

所謂的大人，更多時候或許是從味覺口感上來判定的。離開零食甜點，其實日本人在日常生活中，也非常愛用「這東西吃起來很有『大人味』啊！」來發表對食物入口的感想。同桌的日本人一聽到這東西很有「大人味」以後，多半都會點頭表示理解了，不過我身邊曾有在東京生活的歐美朋友，就感到十分困擾。有人曾對我說：「因為有些東西沒見過，不敢立刻吃，所以先會問問日本朋友，這吃起來是什麼感覺？他們常常都會說，一種很『大人味』的口感，然後話就結束了。到底是什麼味道，我還是不知道！」

這些「大人味」的食物，吃起來究竟有何不同呢？簡單來說，它們的共通特徵就是：不那麼甜，帶點苦味，或者非一般飲食經驗中的味道。最關鍵也是最微妙的，是號稱會擁有殘留的餘韻。對年輕人來說，可能吃不出其美味，甚至討厭，但在大人的味覺感官中會覺得好吃，能吃出更深層的味道。前兩點「不甜或帶苦」還能理解，至於能否吃出「餘韻」呢？那還真是得看個人造化了。如此曖昧的說法，果然很日本，大約就是一種枯山水的禪意吧。

有網站針對五百個人調查，到底什麼是你認為的大人味？結果第一名四八．八%的人都說「可以懂得品酒」就是懂得大人味。第二名有四五%的人則認為「發現小時候討厭，但現在愛吃的東西」就是大人味。是否還是很抽象呢？所幸從這份民調中，大致可歸類出一些食物，了解當日本人說「大人味」時，是用這些東西來判定所謂的大人。

大部分的日本人，在小時候都不愛吃番茄、芹菜、青椒、茄子和秋葵。這些東西可能有人長大了還是不愛吃，但如果你對下列食物開始有好感的話，就會被視為大人了。這些食物包括了芥末、青蔥、生薑和近來忽然流行起來的香菜。除此之外，懂得品嘗高級品，當然更象徵明白大人的滋味。例如紅酒（而不是學生也愛喝的啤酒）、高級壽司、鰻魚和烏魚子等。

難道除了吃喝玩樂的定義之外，日本社會中的「大人」就沒有個性上的特質嗎？這當然也是因人而異的。但我想最後仍可以引用《四重奏》作為日本人對「大人世界」的註解。那就是在每一集的片尾，四位主角高唱的主題曲〈大人的法則〉裡，詞曲家椎名林檎所寫下的精湛詮釋：

「喜歡、厭惡、想要，說漏了嘴會怎樣？硬要去分個黑白講穿的話，就會令人恐懼……大人，就是要懂得守密。」

（注）《四重奏》收視率差但網路話題卻不少，其實與先前《最棒的離婚》的狀況如出一轍。這一方面反映出日本年輕人遠離電視，但是另一方面也突顯收視率的調查方式，已不符合時代潮流。大家不是對連續劇沒興趣了，而是沒有夠特別足以吸引人的戲劇。此外，還有一個更關鍵的原因是，愈來愈多日本人不喜歡「即時收看」電視節目。方便的錄影系統，讓大家已養成將電視節目先錄起來，事後再看的習慣，或者更可以在手機上透過網路觀看。這些不再經由電視直播看節目的觀眾人數，都很難被算進收視率報告裡。

09

青春，日本人的二十歲情懷

日本人對於「二十歲」始終有種特殊的情感投射。在法律的現實層面上，最大的原因來自於日本社會，對於成人的法定年齡定義即是二十歲。二十歲開始，你才可以正式飲酒與吸菸；能夠考取如駕照等各種證照資格；可以不經雙親同意就自行結婚、向銀行借款，以及租賃房屋，甚至收養無血緣的子女；能夠參與博弈（如賽馬等運動博弈）等公營競技投票券的購買和轉賣；當然也必須開始背負許多的義務，例如繳交國民年金。

過去，日本人在二十歲才能擁有選舉權，但是近年來投票族群高齡化，再加上少子化的窘況，年輕人有感無法改變政治現狀，進而對時事冷感。有鑑於此，政府在企圖擴大年輕投票族群的前提下，二〇一六年已修法將投票權的年齡下限，降低至十八歲起始。

儘管投票權降到十八歲了，可是對日本人來說，成人的定義在情感面上仍停留在二十歲開始。在日本的國定假日中，有「成人の日」（一月第二個星期一）的存在，足以顯見這個民族對「二十歲」關卡的重視。在成人日的這一天，全國各地都會舉辦「成人式」（成年禮），年滿二十歲的孩子大多會在家人陪同下盛裝出席。在那一天，過去未成年的孩子會被稱為「新成人」，自此以後在社會大眾的眼光中，就成為一個該為自己負責任的大人。

許多不能做（或該說不能公開做）的事，在二十歲以後都可以正大光明做了。向來對於時間／季節／青春等關鍵字，十分纖細敏感的大和民族而言，「二十歲」因此總有剪不斷的情感。正值二十歲當下的年輕人，感覺跨越了人生的分水嶺；至於離開二十歲的大人們，心中也時常盈滿著懷舊與遙想青春之情。畢竟別忘了，幾乎以二十歲世代為題材的故事，多半都是創作者的回首之作。

恍若櫻花一般，唯美的綻放，卻旋即隨風墜落的短暫花期，人間一瞬，青春亦如燦櫻，轉眼就毫不留情地衰弱。日本人愛櫻花的性格，多少也轉嫁到了對於青春無敵的詠歎。

世界上少有另一個民族，無論在文學作品、電視劇、電影、漫畫，甚至是色情片產業，始終都毫不厭倦地熱中著墨二十歲世代的青春圖騰。

以十歲世代後期，跨向二十歲世代（學生及社會新鮮人）為閱讀對象的雜誌，在每個月出版的日雜中占了很大的比例。網路媒體曾經票選最受二十歲前後讀者歡迎的雜誌，女生讀者最愛的包括《S Cawaii!》、《CanCan》、《mina》、《Ray》、《ViVi》和《non-no》等雜誌；男生讀者愛看的則有《Men's Non-no》、《FINEBOYS》、《street JACK》、 《smart》、《Men's JOKER》、《POPEYE》等雜誌。不僅種類百花繚亂，大部分的特輯多鎖定在閱讀年齡是二十歲前後，登場各類型的企畫。

由MAGAZINE HOUSE出版的《POPEYE》男子時尚雜誌，在二〇一七年三月號中更以「二十歲的時候，你在做什麼？」為標語，定調出該期特輯的主題。在這份特輯中，首先訪問了三十三位橫跨各個領域的人士，包括了知名時事評論作家立花隆、藝人瑛太、歌手森山直太朗、作家朝井遼、羽田圭介和音樂人井上陽水等人，全文版面除了訪談二十歲的時候，他們正在做些什麼事情之外，同時以現今和二十歲的照片相互對照，反差出光陰默默流過，卻刻下深刻的痕跡。

編輯室表示，該期主題的發想，最初始於立花隆在東大講座的成書《二十歲的時候》。今年七十六歲的立花隆，在二十歲時曾積極參與社會政治運動，對照當下失去批判精神的二十歲日本學生，著實落差不小。若真要給二十歲的年輕人什麼建言，也許立花隆這一段話可作為贈禮：

「好奇心和行動力，是會彼此感染的。人生混雜著好壞的相遇。總之，就是去認識各種類型的人就對了。」

藝人瑛太曾說，十九歲的他剛換了新的經紀公司，立志要成為一名好演員，可事實卻是經常連續幾週什麼工作也沒有。剛滿二十歲的那年，常常就是跟朋友、前輩喝酒喝到天亮。開心是開心，但真的沒錢，只能到百圓超商買最便宜的下酒菜跟廉價燒酒。有時去居酒屋，付錢時才發現現金不夠，只好跟店員道歉，衝回家殺撲滿找零錢。後來，在許多人際關係的分合中自我反省，才修正生活方式和工作態度。

若搭時光機回到過去，會想對二十歲的自己說些什麼呢？瑛太說：「照自己原有的樣子活下去吧！」說的當然不是買醉，而是一種堅持，對於自己想做的事。對二十歲的自己沒有太多話想說，倒是對二十歲的倍數「四十歲」的自己充滿期許。瑛太說，四十歲的自己，希望在銀座開個攝影展。

三十三位名人訪談後，《POPEYE》還製作出「二十歲時想讀的書，想看的電影」單元；六位身障人士運動員，回首二十歲時的自己與展望；以及「二十歲時，這些已留名青史的人物，當時做了什麼事情」單元。

日本人所熟知的不少名人，恰好都是在二十歲時，奠定許多重要的事蹟。例如迄今仍活躍，就連三越百貨大門前的石獅雕像，都要引用他詩句的日本國民詩人谷川俊太郎，他的第一本書，也是讓他一炮而紅的作品《二十億光年的孤獨》就是在二十歲出版的詩作。名主持人也是小說《窗口邊的小荳荳》作者黑柳徹子，在一九五三年日本的電視台相繼開台播送這一年，以二十歲之姿登上螢幕，被譽為「第一號電視女星」。當然，也不能忘記安室奈美惠在一九九七年二十歲時發行〈CAN YOU CELEBRATE?〉單曲，創下兩百五十萬張以上的銷售量。這張單曲，迄今仍是ORICON史上女歌手單曲賣量第一名。

二十的情感投射不單只是二十歲，也可能是二十週年的眷念。回首二十年前一九九七年的日本，在演藝圈正式出道的藝人或歌手，還包括了松隆子、KinKi Kids、柚子等人，他們都在二〇一七年屆滿演藝資歷二十歲。

一九九七年對香港人而言，肯定是情緒複雜的一年。而這一年的日本又發生了什麼事呢？「新語・流行語大賞」選出了「失樂園」為代表，原來是渡邊淳一的小說《失樂園》出版，上下卷總計突破三百萬本銷量，同年更被改編拍成電影和日劇，不倫的話題熱議一整年。此外，《神奇寶貝Pocket Monster》和《金田一少年事件簿》動畫版也都是在二十年前開始播放。

一九九七年「今年的漢字」選出的是「倒」這個字。因為當年日本有不少大型企業宣布倒產，銀行也露出許多經營倒閉的危機。然而，過了二十年的今天，從百年企業Sharp被台灣鴻海收購，到近來東芝TOSHIBA也面臨經營危機，不禁讓人對日本的現況充滿感慨。

不過，命運總是微妙而不可捉摸的。就像是在一九九七年曾統計日本的相機膠卷在這一年賣得最好，彷彿明日仍一片榮景。但在兩千年以後，因數位相機普及卻銷量慘跌。誰都以為膠卷將會從此走入歷史了，孰能料到二十年後的今天，因為文青和攝影師的擇善固執，又讓膠卷重回生產線，而且還帶著更高昂的風采呢？風水輪流轉，哪一天，風向又轉回來了也不一定。前提是保有實力，繼續向前，不要放棄。那或許又是另一個二十年的故事了。

（注）本文創作時間點為二〇一七年，時間基準點以該年為準。

10 當天災成為常態

我的日本朋友們喜歡台灣的理由千奇百怪，其中一個是台灣會放颱風假。縱使他們明明知道颱風來並不是件好事，放假也是迫不得已的結果，可是當他們第一次知道台灣從公司到學校會放颱風假時，還是忍不住透露出羨慕之情。

確實日本向來沒有放颱風假的習慣。不過，近幾年比較有人性的公司行號，會在颱風來的當日，彈性地宣布延後或提早下班，亦算是有了改變。

日本不放颱風假，其中一個原因是放假與否的判斷，向來由各家公司自行決定，不會是由政府統一規定。企業為商業考量，當然不會輕易宣布停班，尤其是規模愈大的公司愈是不可能。久而久之，日本人便有一種觀念——颱風天雖然會影響交通，但怎麼抵達公司，是你自己要去解決的問題。意思就是你明知道會遲到，那就應該更早出門。你不提早出門而到不了公司，就代表你沒把公司放在心上。

但是另一個不放颱風假的理由，我想才是主因。那就是一直以來，日本尤其是東京或大阪這樣的大都會，颱風的強度和嚴重性都遠比台灣來得低。許多住在東京的台灣人都知道，每次說颱風會襲擊東京，但看在我們眼中，那實在稱不上颱風。

然而，這都是「以前」的事了。極端氣候的影響，這一、兩年來，各種氣象的狀態明顯地變得比以前更激烈、更頻繁，力道愈來愈大，造成的災害也總是一次又一次超乎原有的預想。

二〇一八年燕子颱風襲擊西日本，縱使氣象預報警告大家是個超級強颱，但誰也沒料到會是這麼嚴重的結果。從大阪、兵庫、和歌山、滋賀、京都、奈良的近畿六府縣，到福井和三重，總計有二百一十八萬三千戶停電。在颱風走後的隔天，尚有五十三萬五千戶仍未恢復通電。關西電力公司社長說，這是平成年間最嚴重的一次受害，大部分可在三天內搶修好，但全部恢復恐怕需要一週。

最令人怵目驚心的是關西機場慘狀。大水淹掉機場的飛機跑道，從市區到機場唯一的聯絡橋被郵輪撞毀，導致有五千名旅客動彈不得，滯留機場一夜。

到底為何關西機場會淹水淹得這麼嚴重呢？其實，關西機場一直都藏著潛在的危機。一九九四年竣工的關西機場，當年號稱是史上未有的海埔新生地機場。根據機場營運人員表示，因為是人工填海而成的陸地，關西機場始終面臨地層下陷的困境。自從機場啟用以來，工程第一期的人工島已下沉了三．四三公尺，第二期的人工島也下沉了四．一四公尺。

這次跑道淹水的一期人工島，事實上已比海平面高出五公尺，防波堤更在這上面又高出二．七公尺。這高度已比預期會發生的南海大地震海嘯高度，還要高出一．七公尺了。關西機場相關人員曾說：「五十年才會有一次的高波，也可以抵擋無虞。」結果，颱風帶來的大浪（還並非是地震引起的海嘯）卻還是把跑道給淹沒了。機場雖然有排水設施，但大潮導致排水機能喪失，最終無法有效應對。

聯結市區與機場之間的聯絡橋損壞，讓日本人也忽然驚覺這麼大的一個機場，只靠唯一的一條橋對外聯繫，本來就是一件非常危險且脆弱的狀況。另外，也有人指出「寶運丸」油輪被強風吹離港口撞毀聯絡橋，根本不算天災，而是人禍。因為明明知道強颱要來，油輪卻沒有在之前做好充足的應變措施。

日本海上保安廳曾經強制要求天候惡劣時，所有在關西機場附近的船隻必須停泊在距離人工島（空港島）五．五公里以上的地方，但是這艘油輪船長卻依照他自己的判斷，認為停在二公里的地方就夠了。

朋友在ＬＩＮＥ上傳來一張他大阪友人拍的照片。浴室發出轟隆一聲，本來正準備去洗澡，結果趕緊衝去一看，浴室的屋頂都被颶風給掀掉了，只能茫然望天。

住在東京的我，看著這次的風災新聞，跟朋友都忍不住想問，如果同樣威力或更強烈的颱風也襲擊東京的話，結果會是怎麼樣呢？

東京都恰好在燕子颱風侵襲關西的幾天前，發表一份研究報告，指出若超級颱風席捲東京，即使擁有號稱地下宮殿排水設施，最繁華的二十三區仍可能將有三分之一都會淹水。預估最嚴重的淹水地區，可能九成都會泡在水裡的是墨田區（東京晴空塔所在地）、江東區（清澄白河一帶）、江戶川區和葛飾區。其中，墨田和江東因為海拔為零公尺，若中心氣壓910hPA的超級強颱來襲時，捲起東京灣的海浪，嚴重時恐怕會讓這兩區積水達到五至十公尺。其他靠海的銀座與新橋，也可能難逃淹水。

專家指出，東京都淹水時最大的危機，就是密密麻麻的地下鐵。地下鐵有上百個車站，總共加起來約有上千個出入口、通風口，雖然設有防洪閘門機制，可是淹水高度往往超過預想，這些串連東京地下的通道，都會讓大水竄流更快更廣。

從前偶爾發生一次的大型天災，如今看來，彷彿要漸漸成為常態了。那些過去做好的防災設施以為是可以抵擋的程度，卻一次次突破了「意想不到」的界線。

地球壞掉了嗎？是誰把地球給搞壞的？我們心底都知道。

11
忽然遙遠的日本

這一個星期以來，身邊認識的朋友，至少有十個人都取消了赴日旅遊的行程。二月底台灣有連續假期，原本應是到日本旅遊的旺季，但因為新冠肺炎（COVID-19）的影響，日本確診人數不斷刷新，在感染途徑愈來愈難掌握的窘境中，大家不得不選擇放棄。甚至原訂三、四月要到日本賞櫻的人，擔心疫情發展未明也都紛紛取消。新聞報導台灣的赴日旅行團，光是三月中以前，超過五成以上的民眾都已退訂。

我的好友原本要來東京過生日。準備去迪士尼、去看喜歡的藝人演唱會、享受一場溫泉之旅，已經期待許久，掙扎許久，最後終於忍痛割愛。我覺得很遺憾，但是也莫可奈何。畢竟誰也難以保證接下來的狀況發展。與其焦慮著擔心這擔心那，確實暫停旅遊，避免到人多混雜的觀光地帶會是好一點的。

在廉價航空興起的時代，台北到東京的距離，彷彿比台北到屏東還近。說走就走，在機上打個盹兒就到，讓我們誤以為旅行真的變得愈來愈容易。如今因為一場疫情，日本忽然變得遙遠了，才體悟到能夠「出發」和「回家」，原來是多麼需要天時地利人和。

我的日本朋友真野君比較會注意國外新聞報導。他觀察各國的防疫狀況，早在一月下旬就開始擔心起日本防疫的對策。遺憾的是如他所擔憂的，時序進入二月，日本確診感染的人數不僅繼續攀升，感染途徑也變成境內傳染，甚至難以確定感染源。

「即便發生了在『屋形船』聚餐感染肺炎的事實，很多大型群聚活動還是照常舉辦，真是不可思議。」真野君對我說。他正困擾著這個星期五，公司還要舉辦聚餐的事。我建議他找個理由避開出席，他同意了，卻問我：「就算我沒去，同個辦公室裡的人去了，要是真的感染，那麼結果還不是一樣？按照我們日本人的個性，發燒了也不太敢請假，吞個退燒藥依舊來上班，我還是會被感染呀！」

我聽了啞然。真野君說得沒錯。新冠肺炎影響的不只是對病情的擔憂，再嚴重下去就會演變成人與人之間，信任感的潰堤。

日本社群網路上出現一張照片，有商家為了促銷CORONA啤酒而製作手工海報，竟寫出「喝CORONA對抗CORONA（冠狀）病毒」的標語。如此自以為幽默，但只是暴露出對於抗疫的輕浮態度，令人傻眼至極。

幾位看到照片的日本前輩告訴我，其實大家對傳染病的危機意識是很低的，因為過度相信以為環境夠乾淨，就不容易發生病毒的感染。

日本人未經歷過ＳＡＲＳ風暴，難以體會當年台灣人面對傳染病時，整個社會草木皆兵的景況。我們對當時的經驗記憶猶新，於是這一次新冠肺炎來襲，風聲鶴唳中大家都不敢輕忽。縱使過度焦慮無濟於事，但消極的「佛系」防疫也很要不得。海外人士看到這一次日本反應的遲緩，都以為自己是很熟悉日本的，但此刻突然變得陌生起來。

在遊客消失的觀光勝地，新聞報導很多商家打算開始推出促銷的宣傳活動，藉以吸引觀光客前來。坦白說我看了很膽戰心驚。在疫情尚未控制之下，現在就要觀光客回流，是否言之過早了呢？雖然當今受到經濟衝擊，但沒什麼是比健康安全更為重要的吧？「斷捨離」這詞彙近年來被用在整理收納術上廣為流行，我想，一直以來嘗到觀光收益甜頭的單位或許在此非常時期，也該暫時「斷捨離」過度仰賴的觀光財源。共體時艱，等到疫情減緩，再開始振興旅遊也不遲。畢竟我們都相信日本人復建的再生能力。

無法踏上日本的這段日子，不如用閱讀展開一場紙上的旅程吧。在不安的亂世裡，我以為最能讓情緒平靜下來的，並不是一直盯著手機查看最新動態，而是將自己置身於字裡行間的閱讀。那會使人找到一股慢的專注力，心無旁騖地沉浸在敘述者的語言裡，不自覺伴隨而來的將是被洗滌過的思維，比較理智且有勇氣去對抗瞬息萬變，令人躁鬱的未知世界。

12

怎麼了，日本？

熱中於學華語的日本友人誠君，年初時告訴我，去年他的串流音樂聆聽排行榜第一名是周興哲的〈怎麼了〉。當時他問了我很多日常中該如何使用這三個字的情緒及場合。我解釋了很多，可惜他還是無法完全掌握一些微妙的關鍵。

這個週末與久別重逢的他見面，兩個人戴著口罩，刻意挑了間人少的咖啡館入座，話題的開頭不免就是新冠肺炎的擴散狀況。

誠君說他原本計畫要出國去玩的，已經取消行程。因為日本疫情控制不力，許多國家都對日本發出旅遊警告。也有在巴黎近郊的日本壽司店，店門被噴漆寫上病毒；也有在倫敦搭巴士的日本媽媽帶著孩子，被當地乘客歧視要求下車；聽到更多的是戴著口罩確保安全，卻被歐洲人當面指著說是病毒。這些種種，讓他第一次感受到一直以來拿日本護照是暢行無阻的事，現在竟忽地成為不受歡迎的委屈。

我只能安慰他，不是日本人而已，近來只要是亞洲面孔，在歐美都有被歧視的狀況。況且病毒無國界，現在歐洲各國也開始蔓延，沒有誰是比較高高在上的。

接著，話題一轉，常在台灣的網站追看新聞和「鄉民」討論串的誠君突然告訴我，他終於明白了。明白了什麼呢？我好奇地問。

「明白『怎麼了』到底該怎麼用，前後文的語意情緒是什麼。」誠君說。

原來這幾個星期以來，台灣民眾旁觀日本對於新冠肺炎的抗疫對策及態度，都忍不住留言問：「日本怎麼了？」誠君看多了這三個字的使用邏輯，終於明白用法。我無奈地笑了笑，真不知道這樣的學以致用是好是壞。

很多台灣人都說，一直以來以為日本總是個決策嚴謹、正確精準且明快的國家，所以才能夠超英趕美，然而這次輕忽疫情的慢半拍態度，實在令人納悶想問日本：「怎麼了？」例如公主號下船的乘客，為保險起見，世界各國都規定必須再隔離或自主管理兩週觀察，唯有日本老神在在說不用，果然後來就陸續發生乘客的檢驗由陰轉陽，還去健身房，到處趴趴走的狀況。關於學校的停課或延長假期，大型群聚活動的暫停，台灣大約在一月底二月初就開始執行。眼看疫情的窘狀，日本人還未著急時，台灣人早已心急如焚，很替日本擔心。

日本對新冠肺炎反應的慢半拍，簡直就像院線電影的上檔，總比其他國家晚很多。就連謠言也是。台港在二月初已搶過衛生紙，後來證實是有人惡意煽風點火，傳布謠言，所幸幾天後風波便已平息。想不到兩、三週後，日本才開始「流行」起這樣的謠言，胡說衛生紙的製作原料來自中國，所以接下來會短缺。謠言一起，衛生紙就開始斷貨。緊接著，又有人帶頭搶米、搶各種乾糧食材。週末去超市，架上已空空如也。

日本人不是比較理智和冷靜嗎？許多人想起東日本大震災時，面對災難的日本人保持理性，循規蹈矩的形象仍歷歷在目，令人讚賞，因此很難想像這一次會如此輕敵，且人云亦云。看在台灣人眼中很傻眼，再次想問日本人到底怎麼了？

怎麼了呢，日本？誠君和我討論起來，獲得的結論是除了政治生態中的複雜肇因，「忖度」文化導致的消極態度以外，也包括向來的民族性問題吧。

日本這個民族很能從經驗中獲取教訓。讓這個龐大社會運轉下去的力量，多半來自於累積的經驗，一次又一次的操練，在反覆溫習之中所寫下的縝密規則。這些規則就像是日本產品裡總是有一本詳細至極的說明書，或者導遊書上令人讚賞的精密地圖，大家只要依循前人努力留下來的SOP流程，按表操課處理與完成事情即可。久而久之，被照顧得很好的日本人，一但失去了「說明書」，經常也就失去了應變的能力。

這幾天，穿過住家附近的小巷，發現已有早開的櫻花品種含苞待放。每一年的這個時候，原本該是興奮期待月底的哪一天東京會發表開花宣言，然而今年在浮躁的世事中，期待的心也大打折扣。

亂世是怎麼開始的呢？我忽然在想，歷史上經歷過亂世的人，他們是否知道未來將轉好或變壞？那可能有的徵狀會是什麼？我不失去樂觀的希望，卻也難免憂心。

不管怎麼了，該開的櫻花，還是會開的。時間會告訴我們一切。

這城市的一切雖然還陷在未明的混沌中，卻也正在摸索出該有的樣貌，期盼能夠從錯誤中累積新的經驗和教訓。方向對了，那將會是一次轉彎轉得好的契機。

13

自肅與待機

已經是春暖花開的三月了，全世界新冠肺炎的疫情，一時半刻仍見不到何時能夠平息的蹤跡。大家的生活都變得惶惶然的，覺得危機四伏，過去日常習慣的一切都被迫有了改變。不僅海外旅遊成為遙遠的事，拉開國與國之間的距離，人與人之間的關係，也因為顧及彼此健康安全而漸漸疏離。

日本政府從二月下旬開始，請求民間單位暫停或延期舉辦各種大型群聚活動，同時宣布高中小學延長春假，一直停課到四月初為止。這雖然未規範到大學，不過有很多日本的大學也主動做出變更的決定。例如在我職場附近的早稻田大學，就宣布取消了三月的畢業典禮和新生入學典禮，而原本應該在四月初開學的新學期，也延至五月底。

東京的公司行號，有一些腳步走得比政府還快的企業，開始實施員工在家工作的模式。有的是一週選擇幾天，錯開員工集體群聚的時間；有的則是已完全不進公司，開會或聯繫全採網路線上形式，目的就是希望避免若有一人確診，導致交叉感染的風險。

東京這陣子的店家幾乎都比平常提早兩小時打烊，或者減少營業日，甚至暫停營業。一來是大家不出門了，生意變差，二來則是執行日文中所謂的「自肅」，也就是自我約束，縮短營業時間也可能降低風險。例如密室群聚的健身房，自從發生過有確診者在健身房出沒造成他人感染以後，健身房便決定「自肅」暫停開放。或像是Apple Store直營店，員工和顧客會近距離交談，還有很多人觸摸操作產品的場所，也「自肅」宣布暫停營業。

個人的「自肅」則是減少外出，避免到人潮聚集的地方，好好待在家裡，也就是日文常用到的另一個詞彙「待機」。然而，因為沒有任何強制性的法律效力，這所謂的「自肅」和「待機」的程度及標準也就全自在人心。

前幾天東京山手線的新站「高輪GATEWAY」正式開業，受到新冠肺炎的影響，取消開業慶祝典禮，目的當然是希望不要製造群聚感染的風險。然而來自全國的鐵道迷卻蜂擁而至，僅是當天從啟用至傍晚為止，進出該站湊熱鬧的人數就多達四萬多人，可說是完全失去了取消活動的「自肅」意義。有日本民眾認為，JR鐵道應該要預想到會是這種結果，將新站的啟用日期視疫情狀態延後才對。

學校停課，原本政府是希望青少年在家「待機」減少在校園群聚感染，結果從澀谷、竹下通到下北澤，在家待不住的學生依然往這些地方跑。我的日本朋友因開會到下北澤，看到大排長龍的隊伍以為是買口罩，結果居然是在女高中生在排人氣甜點店入座。剛從台北回來東京的日本朋友，面對兩地防疫危機意識的落差，告訴我，看見那些日本年輕人，他覺得感傷。

雖然有這些無視於「自肅」和「待機」意義的人，但仍有一些有自覺守規矩的人是會好好待在家裡的。這段期間有很多日本民間單位主動釋出因應疫情的方案，提供免費的服務，給放假在家的學生或居家檢疫的民眾，讓大家不會在家感到無聊，有事可做。

例如，針對青少年學生族群，各大出版社開放免費暢讀電子版的青少年漫畫、文學叢書、科普書或學習參考書，而影視頻道也開放動漫卡通免費觀看；至於針對大人族群，則有出版社線上公開公務員考試參考書。最妙的是連成人情色網站也加入免費觀看的行列，說「希望可以盡一分心力讓大家重展笑顏」，結果據說一開放，日本男生們就集體衝上網，伺服器立刻當機。

疫情造成許多東西被搶購一空。在日本，Switch主機竟也意外成為對象之一。因為大家宅在家需要解悶。隨疫情擴散，中國的工廠出貨吃緊，Switch主機陷入缺貨窘境，早在兩個多月前，網路轉賣已哄抬價格，比原價平均貴上一至兩萬日幣。還好我還算有遠見，在嗅聞到這波亂象開始時，早已搶先一步瞬間入手。現在握著Joy-Con簡直像握著獎盃抱著感恩的心。

少出門宅在家，公司遠距工作、寫稿、追劇、看書、運動、聽音樂、上網、錄Podcast、煮飯泡茶沖咖啡，現在再投入Switch，天啊，原來在家也能這麼忙！

迷上「動物森友會」遊戲，把自己放逐在一個幽靜的小島上生活，脫離煩躁的現實，也算是一種紓壓。

我和同樣在玩這個遊戲的台灣友人及家人，透過線上連線拜訪彼此居住的島嶼，頓時發現對於此刻無法出遊的我們來說，那也是一種另類的相見歡了。

14 脱序暫停的世界

拉開窗簾的時候，幾乎以為有一刻，我目睹到了從空中篩落的雨水，轉瞬間變化成雪的魔幻時刻。

原本是疾速墜落的水滴，突然被調慢速度，重量變得輕盈了，好似決定放棄一種沒必要的累贅，或拋開什麼惱人的紛擾，就在我望向窗外之際，它們在半空中減速，忽地變成白色的雪花，隨風揚舞起來。

雪花悠緩地飄著，靜靜地注視，總給人一股感到靜謐的安穩。

已經是接近四月了，沒料到三月底，東京突然又降下一場短暫的雪。因為新冠肺炎疫情難以收束，使得東京都政府希望居民待在家「自肅」別出門的歷史性週末，落下的櫻花和雪，為這座城市又堆疊出一份新的經歷。

在截至目前為止的生命經驗中，從未想到這個世界看似龐大且精密的運轉，原來卻能夠這麼輕易地就脫序。許多城市的節奏都亂了，甚至暫停。

東京會不會走到「封城」的這一步呢？在正式宣布奧運延期舉辦後，感染確診人數每日激增，傳播途徑早已難以追蹤，究竟會演變到什麼情況？或者暴增的確診病例還僅是冰山一角而已，還有更多潛在的感染者，散布在各個角落？列島上的人們都在臆測。一日數變的現世，答案會朝哪個方向揭牌，誰也說不準。沒有徵狀卻會傳播感染，就像是眼睛看不見的病毒，不明的蹤跡，令人焦慮。

發生東日本大震災的那一年春天，花季也是寂寥的，不過，比起此刻的不安情緒來說，更多的是悲傷。地震、海嘯、核電廠爆發，幾乎都是一瞬間的災難。發生的當下過去了，人們帶著悲傷，開始面對與處理。因為有處理震災的豐富經驗，災難的終點和救援的起點，大致還能有個頭緒。然而，新冠肺炎是人類未知的衝擊，一場瘟疫的蔓延，在沒有疫苗出現之前，誰都不清楚終點會在哪裡。

宣布「自肅」的週末，東京被按下了暫停鍵。連鎖咖啡店如星巴克停止營業，百貨公司和許多店家都大門深鎖，從銀座、六本木到淺草，觀光勝地的週末人潮頓時消失。但，卻也有不太在乎的日本年輕人，反而趁著此時刻意趕去原宿、澀谷、下北澤出沒，體驗「新鮮」感。記者訪問年輕的孩子，他們一派輕鬆，說：「反正街上沒什麼人，這樣不是更安全？」或者真以為青春無敵，自以為是的回覆：「其實沒有很在意疫情，因為有專家說年輕人不容易感染。」轉身就和一群朋友，踏進密室的卡拉ＯＫ歡唱去。

長大以後，知道的事情太多，在乎的人與擔心的事也多，到底就和這些不經世事的年輕孩子是不同的了。宅在家裡，為的不僅僅只是確保自身的安全，同時亦是不想讓關心自己的人操心。

疫情蔓延的這些日子以來，據說全世界的空氣品質轉好，地球終於難得的有了一次喘息的機會。人類對於大自然的破壞，也意外地被按下暫停鍵。

雖然這世界不是任何事情都必然隱藏什麼意義，但我仍願意相信，每一次新的變化，都可以從其中萃取出一些暗示。如果在這場疫情中，跟著這座城市一起停下來，停下庸庸碌碌的步伐好好思索，或許我們會知道如何為自己生命中該做的事，重新安排優先順序。就像是我已明白所謂的日常美好，一直以來，其實都只是在陰影中找到不那麼黑暗的地方學習自處。

倘若沒有疫情的話，這個下雪的櫻花季，該是多麼美好的早晨啊。

我不由自主地感歎起來，但是很快的又覺得不該深陷於如此憂傷的情緒中，以免辜負了這場為療癒而來的雪。

選份喜愛的豆子研磨一杯熱咖啡，捧著溫熱的馬克杯，看著窗外翻飛的雪，我知道今日也要好好地過完這一天。

03 四季流轉的東京

生活在四季分明的日本，對於時間的劃分與流逝，感受特別明顯。每個季節都有它應該的樣子，有著只屬於那個時候的氣溫、天光、視線的清澈度，甚至是空氣的味道。當然更不能忽略春夏秋冬各自迴異的花季。

01

東京，大雪過後

一夜大雪後的晴朗東京，給人一種大夢初醒，飄飄然的不踏實感。

清晨醒來時，躺在床上，看見日光從窗外竄進屋內，忽明忽暗的，像含蓄地暗示著什麼訊息。好不容易慵懶地從被窩裡脫身以後，拉開落地窗簾，望見昨日灰撲撲的一切，已恢復成清澈的藍天。

雪停了。一場襲擊東京的大雪結束了。風雪來臨與離開的前後兩天，都是非常好的天氣，中間夾了如此極端的天候差異，來去匆匆，因此覺得很不真實。尤其是下在睡前而清晨就停的雪，更是增添了幾分恍若夢境的況味。

然而陽台護欄上厚厚的積雪，畢竟是露了餡。陽光的照射下，一點一滴地融解，像是努力想要消滅掉什麼證據似的，卻因此搞得汗流浹背，很是狼狽。

出門下樓，放眼望去，那些披掛在樹上、草皮上的殘雪，像極了一大群調皮的孩子洗完澡，卻沒有清理乾淨身上的泡泡浴。

光是看，當然充滿趣味，但真要走過積雪的街，可就不是一件稱得上可愛的事了。

氣象報告說，這是四年來東京最大的一場雪。原本預估東京都心的積雪是五到十公分，結果最終達到了二十一公分。

東京很少會下這種規模的大雪，一般人家裡絕少備有鏟雪的工具，當然也不會有雪靴。如果沒有好心人剷雪，闢出一條好走的路，那麼你就得踩著雪去上班上學。要是傻傻地穿著一般鞋子出門，肯定寸步難行，還沒從家門口走到電車站，雙腳濕透也就罷了，腳趾頭還會被凍傷。

東京的雪，多半是水分較多的「濕雪」。雪停了以後，因為溫度回升，濕雪更易融化。同樣是踩在積雪上，東京的雪會比北海道的「乾雪」更容易弄濕鞋子。因此住在東京，稍微有點經驗的話，就會知道即使不買雪靴，也至少該準備一雙高筒的防水雨鞋。與其說是為了防範豪雨，更是為了因應幾年才會來一次的大雪。

我的北海道朋友曾告訴我，在他還未搬來東京以前，常看到電視新聞裡的東京人會在雪裡撐傘，他總是百思不得其解。

「戴頂帽子不就行了嗎？雪飄在身上頭上，拍拍就掉了。」他說。

但是，後來當他實際體驗到東京的雪以後，才知道這裡下的濕雪，要是不撐傘的話，很快就會變成一塊像是被水浸爛的北海道馬鈴薯。

另外，同樣的積雪厚度，如果是在北海道，狀況和東京亦大相徑庭。因為北海道早就習慣多雪，所以無論是居民、住宅、道路到各種交通設施，都會特別針對積雪做防範。

每當預報東京要下大雪前，每一家電視台的新聞報導都顯得特別緊張。在雪國居住的日本居民，常在網路上笑話東京人過度焦慮。其實只是因為跟北海道、東北和新潟這些地方相較之下，東京的一切，對於大雪都顯得脆弱許多。況且東京的交通主要依賴大眾運輸工具，只要某一條電車或公車路線停擺，就會造成上萬人的「歸宅難民」。

東京的公司行號從未放過颱風假，卻會因為大雪來襲而宣布提早下班。如果氣象預報說降雪會在傍晚以後漸趨高峰的話，趁大雪還沒有嚴重影響交通以前，大概下午三、四點左右，公司就會下達「歸宅命令」要大家立刻回家。

雖然如此，提早下班其實也只是提早擁擠而已，整個都心的電車站從下午開始就水泄不通，過了傍晚，甚至還可能實施入場限制，管制人潮分批進站。

雪開始下了，身在東京不同的地方，感受到的雪量也會有「溫度差」。例如以山手線為中心來說，下雪時西邊、西南邊（新宿、池袋、澀谷等）都會比東邊（東京、銀座、上野等）來得大，且容易積雪。因為東邊靠近東京灣之故，濕度和溫度的影響下，比起內陸來說較不易下大雪。所以如果是憧憬雪景的南國子民，冬天想賭賭是否能在東京遇到雪，記得旅館挑西邊。

大雪後的隔天，走進東京都內的超市和便利商店，最常看見的店內風景，就是架上空空如也。便當、麵包到生鮮蔬果都缺貨得很嚴重，因為積雪影響了物流的配送。

總在這時候，更深刻地感受到東京這座大都會，其實是多麼的脆弱。這座城市看起來機能龐大，但維持其順利運作的許多細節，都必須仰賴著都心周圍的外縣市才行。一旦對外道路斷了，都心就像是血液輸送不進來似的，難以躍動。

就像是每一個表面上說不需要朋友，彷彿獨來獨往也能撐起一片天的人，在看似十足堅強的背後，其實，總藏著無助時，希望誰可以拉一把的脆弱。

02

豬突猛進

日本生肖年按照新曆走，一跨過元旦，豬年已經到來。這個豬年，一開始就過得不太平靜。非洲豬瘟的病情從中國大陸蔓延開來，一再威脅到鄰近的台灣、日本和韓國。縱使努力宣導別帶疫區豬肉入境，但大家都隱隱不安，心底知道防不勝防，恐怕吃不到豬肉的那一天不可避免地終將到來。

如果要排行世界上最倒霉的動物之一，我想非豬莫屬。一堆罵人又懶又笨又髒的話，總有豬的份。然而，早就有研究資料證明，豬一點也不笨，而且還特別愛乾淨。豬愛乾淨的程度，也反應出牠們一點也不懶惰。曾看過一篇報導，說瑞士巴塞爾動物園做過一項實驗，把沾滿沙子的蘋果切片丟給山豬吃，結果豬豬會特地叼著蘋果片，繞去遠方的小溪將它們洗乾淨以後才吃。可見豬是被人類汙名化的，明明堂堂正正的，還一天到晚被拿來罵人，躺著也中槍。

這樣的豬好不容易等到十二生肖輪了一圈，終於可以強勢回歸舞台，準備揚眉吐氣一番了，偏偏遇上破壞形象的豬瘟，真是「豬」事不順。

我們說生肖年時，都是直接以該年的動物來稱呼，比如狗年、豬年。日本不這麼說。他們很古典地，用天干地支中的十二地支「子・丑・寅・卯・辰・巳・午・未・申・酉・戌・亥」來稱呼。豬排行第十二，於是豬年就是「亥年」。

一個豬年，各自表述。不僅名稱不同，其實連豬的品種也不同。說起豬年時，華人指的都是家豬，但日本所說的豬年，指的卻一定是山豬（野豬）。

其實豬這個字在日文裡，根本上就分成了兩個單字。大家喜歡吃的日式炸豬排，應該都曾看過日文菜單上是寫著「豚」（BUTA）這個字吧？那種豬就是我們一般認知的家豬。而只有在說山豬、野豬和豬年時，才會用到「豬／猪」（INOSHISHI）這個字。但到底為何中國的豬年傳到日本以後，會從家豬變山豬呢？據說是以前日本農家不會養豬，最早食用豬肉、最初認識豬這種動物的存在，就是從山林裡狩獵的野豬而來。

公司裡的前輩川桑是個很愛吃肉的肉食性男人。前幾天，聊起台灣人和日本人對於豬年形象的不同時，給了一個結論。

「說也奇怪，雖然知道山豬和家豬都是豬，但是對於我們日本人來說，彷彿『豚』和『豬』就是兩種不同的動物。」

「台灣人會怎麼吃山豬肉呢？」川桑問我。我驚訝地反問：「你去過台灣這麼多次，沒吃過台灣的山豬肉嗎？」他搖頭說沒有，追問：「好吃嗎？」

我深呼吸了一口氣，立刻貢獻了不久前回台時，才去日月潭吃過當地炒山豬肉的美味經驗。當然，記憶中花東的烤山豬肉也是不遑多讓。這話題一開啟就沒完沒了，說得兩個人都飢腸轆轆，連一旁原本在忙公務的社長也忍不住加入。

社長和川桑告訴我，若向日本人提起吃山豬肉的話，腦海中唯一浮現的畫面，就是熱氣蒸騰的山豬肉火鍋。這火鍋除了稱為「豬鍋」（SHISHINABE）以外，還有個專有名詞叫做「ぼたん鍋」（BOTANN NABE）。因為BOTANN發音和「牡丹」相同，因此有些專門店也會美其名為「牡丹鍋」。

居然從豬變成牡丹，怎麼想都覺得有種麻雀變鳳凰的荒謬感。要是沒聽過的話，到底外國人誰會看到牡丹就想到豬肉啊？就像「櫻肉」指的是「馬肉」，「楓葉肉」指的是「鹿肉」，想吃個肉也得迂迴曖昧一下，萬事以美為前提。

豬年的吉祥話該怎麼說呢？在台灣大抵不脫「豬事順心」這類的諧音造語吧？日本則會說「豬突猛進」。因為山豬的形象是衝鋒陷陣、勇猛向前的，衍伸就變成祝福別人突破萬難、精力充沛並勇往直前的意思了。

當我在給日本朋友的賀年卡上，也寫下「豬突猛進」的賀詞時，自己卻不覺得需要被這樣祝福。人到中年，自律也好，被要求也罷，我們衝得還不夠多嗎？許多人的身體，都跟不上腦袋的思考了。總以為還能做得更多，其實忘記照顧身體的休憩。身邊不少朋友，甚至都因壓力太大，患上失眠的困擾。

所以，可以的話，偶爾也不必那麼地猛進吧。像隻我們印象中的懶豬也沒啥不好。學會輕鬆自在地調適，祝福沒滾兩下就能睡著，最好還享有懶豬賴床的時刻，那其實是對忙碌上班族的禮讚。

03
又逢櫻花季

生活在四季分明的日本，對於時間的劃分與流逝，感受特別明顯。

每個季節都有它應該的樣子，有著只屬於那個時候的氣溫、天光、視線的清澈度，甚至是空氣的味道。當然更不能忽略春夏秋冬各自迥異的花季。

這些年來，我住的地方從埼玉到東京，又從東京都下到都心，搬過三次家，住過四個特徵差異性很大的地方。每一次搬家，等於就是認識一個新環境的開始。

回首想想，每次搬家以後，其中最期待的一件事，應該就是在當地第一次迎接三、四月櫻花盛放的時節吧。

搬到中央區之後，看見住家周圍的公園和行道樹，都還是一片綠油油的盛夏光景。櫻花樹沒開花以前，只被一叢叢綠葉包裹的時候，我覺得它們是很難被分辨出來的。比起其他更有特徵的樹木而言，老實說，沒開花的櫻花樹顯得很沒存在感。大概是一種從樹下不知道走過幾次，也不會想抬頭注意看一下的程度。

然而，有趣的是，直到隆冬來臨，落葉全掉光，大樹突然露出了骨幹，站在樹下抬頭望時，看著錯綜複雜的極細樹枝彷彿鐵絲一樣密布地盤踞天空，又很容易分辨出它們與其他樹木的不同。如假包換，它們就是春天會變身的櫻花樹。

櫻花樹看老天爺的臉色，盤算著今年會在哪一天開花，而我也在氣溫仍寒的冬末行走中，盤算著等到櫻花盛開時，要如何把住家周圍所有的「櫻滿開」都留下初次見面的身影。

據說現在東京大部分的櫻花樹品種「染井吉野櫻」大多是在戰後約一九五〇年代所栽種的。染井吉野櫻的壽命約是七十年左右，因此到了現在已是接近尾聲。不過日本人實在太愛櫻花了，所以這些年來不斷地種植新樹，倒是不必擔心老櫻花樹枯死後就無櫻可賞的窘境。

想起一月底時，去了一趟伊豆熱海。還不到春天，在這裡已有櫻花盛開。原來是一種暱稱為「熱海櫻」的寒櫻品種，有點類似於台灣的山櫻，但顏色沒那麼紅，稍微再偏粉嫩系。這裡號稱是全日本最早開的櫻花，在靠近熱海站商店街的「糸川遊步道」沿著小溪綻放。花期很長，從一月下旬直到三月初都會開花。

雖然如此，日本人還是更為偏愛染井吉野櫻。因為只有這個花種，才能隨風飄下美麗的櫻花雨。雖然壽命短，花期從開花、滿開到凋落只有一週，卻因為稍縱即逝的美感，再加上捉摸不定的模糊花期，恰好打中了日本人曖昧又多愁善感的民族性，故廣受歡迎。

以前身為觀光客身分，還有剛搬來日本時，總覺得賞櫻就是應該要熱熱鬧鬧的，喜歡去像是上野公園、吉祥寺，或者乾脆衝到京都去，在種植了大量櫻花樹的賞櫻勝地，好好看個過癮才對。但後來領悟到去那種人擠人的地方，看到的人頭比櫻花還多。有些觀光地甚至連駐足下來，想慢慢賞花的空間和時間都沒有，只是被人潮不斷地推著往前走。

前幾年住的地方靠近神樂坂和飯田橋，神田川兩旁的土壕高台上，是我很喜歡的櫻花步道。可惜，附近的大學生很多，大家喝了酒以後，賞花的規矩變得很差，垃圾隨處丟，鋪在地上的瓦楞紙片也不顧好，經常大風一吹就到處亂飛。頭上的美麗櫻花，搭配地上的失序凌亂，畫面很是衝突諷刺。日本人常嫌中國遊客破壞了東京整潔，其實日本的年輕人只要喝了酒以後，也好不到哪兒去。

所以現在我寧可捨棄出名的賞花景點，就在住宅區附近的公園裡賞花。雖然櫻花數量，比不上那些名勝景點的多，但至少能夠安安靜靜的，在樹下好好吃個櫻花便當，喝杯櫻花酒，沐浴在「櫻吹雪」的花瓣雨中閒聊日常，細細感覺時間流逝的靜好。

如果問我，什麼是最棒的賞花？對於現在的我而言，我想我會這麼回答。

櫻花不必多，有幾株開得絕美的就好。

一起賞花的好朋友也不必多，能夠沉默時也覺得心中歡鬧就行。

04

櫻花盛開的麻煩事

日本的公司行號或學校團體，習慣每一年都會在盛開的櫻花樹下舉辦「花見」宴會。但，賞櫻活動要在哪一天舉辦，可不是一、兩天前就能決定的事。組織愈龐大的團體，牽扯的人事聯絡事宜就愈繁瑣，舉辦的日期就必須及早確定。

早年櫻花開花日還有點規則時沒什麼問題，但這幾年連「櫻前線」的開花預報都一改再改，這可苦了各公司或團體中負責舉辦活動的幹事。負責辦活動的人提心吊膽的，每一年要開始籌辦花見宴會時，就得下注賭一把。日期確定了，隨時要在網上蒐集開花預報資料，若真的發現矛頭不對，得當機立斷決定更改日期。活動日一提前，所有相關的聯絡包括通知社內社外的參加者，以及預約餐點的聯繫等等都要重來。

當然，靠著賞櫻活動賺錢的商家，從販賣賞櫻便當的商家到賞櫻勝地擺攤的小販，以及餐廳的季節相關活動等等，對他們來說，在尚未宣布「開花日」以前，懸而未決的狀態，都是一樁放不下心的麻煩事。以上還不包括擔心究竟天晴或落雨。

櫻花盛開的麻煩事，還落在另外一群日本人的身上。那就是素來有日本國民病之稱的花粉症。日本將近有二千五百萬人患有花粉症，且逐年增加。花粉症的過敏原與櫻花無關，而是來自於杉木。戰後的日本因木材缺乏，在急需收成木材的考量下，大量種植了成長快速的杉木。如今卻因為林木業衰退，加上進口木材更為便宜，故導致杉木數量未有減少而產生過多花粉。

杉木開花後所發散的花粉，隨氣溫升高而益發傳播，恰好時間點就落在三月到四月的櫻花季。櫻花季節出門賞花，結果暴露在過敏原的外界中，花粉症狀便更為嚴重。為了避免花粉症惡化，如今戴著口罩去賞花的日本人愈來愈多，看在歐美人士眼中，倒成為賞花勝地的另一奇景。

不過，細數櫻花時節最麻煩的一件事，還是垃圾與禮節問題。每一年總有賞櫻客在酒後大聲喧譁，垃圾亂丟，破壞公園設施的狀況。新宿御苑幾年前就明令禁止攜帶酒精飲料入園賞花。靠近學校附近的賞櫻勝地情況更嚴重，不守禮儀的年輕人酒醉橫躺，周遭一片凌亂，簡直像是睡在垃圾堆裡。

不少反中嫌韓的日本人士卻在網路上散布言論，宣稱賞櫻環境的品質低落，均是來自於激增的外國旅客，指謫他們不懂得入境隨俗。

上野公園是聚集最多外國賞櫻客的地方，然而實際訪問了在這裡長年擔任警衛的人，得到的答案則是：「截至目前為止，最常製造大麻煩的都是日本人。酒醉亂事、不在指定地點吸菸，或不顧周圍遊客的感受，玩起吵雜又誇張的遊戲等等。」

櫻花開了，各個公司與學校團體在歡慶的氣氛中迎向新年度。只有鮮少人會注意到公園清潔工，在落英繽紛的花瓣雨中，剷平一座座垃圾的山丘。

05
五月的日語

除了秋天以外，我最喜歡的日本時節，大概就是五月。尤其是放完黃金週連假以後，到六月來臨前的這段日子。四月櫻花物語已遠離得有如前世夢境，五月初假期人潮雜沓的紛擾也終於平靜，而六月悶濕的梅雨季又尚未到來。這時候，氣溫漸漸暖和起來了，但還不至於是夏日的炎熱，連路上的風也有著恰當的節奏，吹拂得行禮如儀。漫步在東京的街道上，總感到空氣裡多了一分舒緩的餘裕。

然而，對於不少的日本人來說，五月卻是個青黃不接的季節。日文裡有個常用的名詞叫做「五月病」，指的是在五月時就會感到憂鬱、失眠、焦慮、全身無力、食慾不振、對人漠不關心，或種種表現失常的症狀。

這些「病患」主要集中在大學新生、社會新鮮人，或是職場裡受命轉換部署的人。原因是日本的學校與公司都以四月作為新學期、新計畫推展的分界，許多在四月剛入學、入社和轉換職務的人，經過了一個月，深深感到現狀與當初的期待有著很大的落差。五月初，放了一個長假，並無法達到療癒，反而更加深了不想返回崗位的情緒。五月的厭世感膨脹大到無以為繼；五月病，油然而生。五月病就是對新環境的適應障礙症，嚴重起來可能變成憂鬱症，不可小覷。

五月是我喜歡的季節，可惜日文中關於五月的名詞都不怎麼美好。

比方「五月蠅」。很多學習日文的新手看到這三個字就傻眼了，其實這是很基礎的單字。五月蠅是「很吵、很煩」（urusai／うるさい／煩い）古典用法的漢字。最早出現在和歌《萬葉集》裡，明治時代被文人如樋口一葉和夏目漱石廣用而普及。農曆五月是蒼蠅繁生活躍的季節，揮之不去地纏繞，不煩嗎？借「五月蠅」漢字代入發音，形容吵雜不耐的情緒，實在生動。

五月還有一個名詞也不太光彩。我們在商務信件往來時，常會用到「五月雨式」（samidareshiki）這個詞彙。當一件事沒說完，後來又追加好幾封信說明的狀況，信件開頭就會以「五月雨式」作為打擾、道歉句的開頭。這裡的五月其實是農曆，典故來自於梅雨季節擾人的雨，斷斷續續，就像嘮叨的信件，故衍伸成此用語。

我第一次看到這個詞彙時，是在日本廠商連續寄來給我的幾封信件裡。對方的電郵裡以「五月雨式」帶著歉意開頭，我閱讀著，卻驚喜地覺得可愛極了。日本人真的是對四季很敏感的啊，連商務信也能寫得如此浪漫。

想像下著細雨的農曆五月，盛開的繡球花上低垂著剔透的水珠。傍晚的空氣中，散發土壤的新鮮氣味，一切都充滿著生命力。

「誒？只是個有禮貌的慣用語而已啊！我們不帶情緒地套用上去的啦。張桑果然是個作家哪。」

想當然耳，當我跟社內日本同事說起這件事時，他們是感受不到這股浪漫的。對更多的上班族而言，一年三百六十五天，或許天天都有「五月病」。工作上每天總有「五月雨式」的無奈瑣碎，生活裡也有許多「五月蠅」的不順遂。可是，我始終相信，如果學著抽離成旁觀者的姿態，就能讓自己好過一些。

縱使事情難以即時解決，拉開距離，等待中，就可能擁有不預期的轉機。像是五月的日語，那些帶著負面的用法，都有了趣味的意義。

06

颱風一過

又一個颱風默默地從東京離開了。

十月下旬，颱風過境日本列島。在登陸以前，日本氣象廳嚴詞警告，這是一個強烈颱風，結構有如多年前另一個重創伊勢灣的強颱，呼籲民眾要特別小心。颱風通過東京都上空的時間點，是在星期日晚間到星期一早晨，估計帶來的強風豪雨會導致交通大亂，影響到早上民眾的通勤狀況，請大家做好心理準備。

那晚睡覺前，沒感受到有什麼強風，只是看見窗外的雨勢漸大。若要真說是大雨，又稱不上。對看慣颱風的台灣人的我們而言，那氣勢實在不足以跟台灣的豪雨匹敵。

手機上不斷跳出氣象廳傳來的防災訊息。一會兒要品川區的人避難，一會兒又對我所居住的中央區發布了豪雨、洪水、暴風和波浪警告。可是，屋外其實並沒有什麼太劇烈的變化，令我一度懷疑我住的地方會不會是平行世界。

其實經常是這樣的。東京的颱風，往往有一種虛張聲勢的感覺。敲鑼打鼓地說要來囉，最後卻躡手躡腳地默默離開。

基本上颱風很少直撲東京。可能正因為如此吧，難得登門拜訪了，從氣象廳到東京居民都特別謹慎。畢竟，要是光看氣象預報的數據，雨量或風速都挺嚇人的。雖然等到颱風實際來到時，都有種按摩沒按到穴道的感覺。

可是，同樣的一個颱風，來東京前和離開東京後，又常會在其他地方釀災。東京西邊，靠山的地方或許會對颱風有些感受，但在都心市區真的還好。有此一說，是東京的地勢其實很怪，除了東京灣地形以外，還有上空的溫度因城市人口密集影響氣溫，使得氣象變得不穩定。這就是為何，東京非常難以準確預測是否會下雪的原因。不知道這都市傳說，是否真的也影響了颱風的威力呢？以我居住在東京十年的經驗來說，確實從未見過東京有像是過境台北那樣的颱風。

東京的颱風，實在不叫颱風。我常開玩笑這麼說，沒在台灣經歷過颱風的東京人，應該一輩子不知道什麼叫颱風。

我跟東京的日本朋友聊起台灣的颱風，說發瘋起來時，強風猛拍門窗格格作響，彷彿下一秒玻璃就要破掉也不奇怪。傾盆大雨的下法，則像是被誰甩了以後的自暴自棄，怨恨到像非得把「桃機」給淹掉的程度才平息。

日本朋友聽著，表情像是在聽一則神話似的，不太相信，最後說：「但還是很羨慕你們會放颱風假呀。」

是的，東京從不放颱風假。不管電車有沒有停，你就是得想辦法進公司。

我實在不忍再多透露，台灣的颱風假，通常一放就是大晴天，是咱們出遊唱KTV看電影的好日子。

回想起來，我跟東京的颱風挺有緣的。第一次到東京，就遇到了颱風。當然也是沒什麼風雨，只是當時不太清楚東京颱風性格的我，不敢帶著媽媽和外甥女在外面亂跑，就躲進了新宿高島屋裡，陪著五歲的外甥女在賣玩具的樓層玩了一整天。

每當颱風要來東京時，我有時會想起那年的颱風。因為不怎麼大的風雨而困在異鄉百貨公司的三個人，其實是多麼珍貴的時光。

一晃眼，外甥女今年都大學畢業了。我和母親的青春，也散在了十五年前，那一去不返的風裡。

07

熱死人的東京

熱死人了！真沒想到我們台灣人經常會掛在嘴邊的這一句話，有一天實際發生的場景，居然會是落在「溫帶」氣候的日本。

真的是熱死人了。根據日本氣象廳與消防廳的統計，二〇一八年七月到下旬為止，因為中暑而死亡的人數，全日本竟突破了九十四人以上。其中，光是東京就多達五十二人，達到十年來統計數字的最高峰。如果另外單算中暑送醫的人，截至目前為止總共也將近二萬三千件。日本氣象廳為此召開緊急記者會，首次將「氣候高溫」認定為國內的天然災害之一，並提醒大家八月依然是炎熱高溫的氣候，千萬要注意，避免中暑。

怎麼會那麼嚴重呢？真要說熱的話，台灣一年到頭都更熱，也少見如此集中熱死人的數據出現。其實重點可能就在這裡。因為台灣人對熱天是習以為常，一整年高溫的時候多，但日本除了夏天七、八月以外，基本上都還是涼爽的。大多數的日本人因此都輕忽了高溫帶來的危險，無感於中暑的可能性。在高溫的氣候中，該怎麼適當地調節身體，管理健康狀況，比起台灣人來說，可說是常識貧乏。

大自然異常，日本的氣候驟變，早已不是從前的那個日本。極端的豪雨、大雪、酷寒和高溫，十年來頻繁發生，快成常態。可是絕大多數的日本人，似乎都還沒有做好認識真相的準備。

如果以為中暑發生的現場一定是在炎日下，那麼日本的統計報告會讓人大吃一驚。以東京因中暑死亡的五十二人來看，有四十九人都是倒在家中屋內。因為家中沒冷氣嗎？不，這些人家裡都有裝冷氣，只是不開而已。

明明有冷氣，熱到快昏了也不開，我倒是有經驗。剛來日本時，第一年的租屋是付完一整年的房租，電費用到飽，因此當然就是冷暖氣隨性開。翌年，換了租屋以後，得自己負擔每月電費。因為還是個窮學生，對於冷暖氣的使用很錙銖必較。夏天時，我確實曾經在當時居住的練馬區（號稱東京夏天最熱的區之一）公寓裡，刻意不開冷氣，只為了省錢。

大多數台灣人沒住過日式木造房，無法體會身處於曝曬在烈日下的木造房頂樓是件多麼恐怖的事。簡單來說，就像是個蒸籠。而我窩在這個蒸籠裡，就變成快要熟了的肉包。有一個週日下午，我在蒸籠裡看書，忽然書頁濕成一片，以為自己不自覺地感動落淚，結果發現那全是我的額頭上滑到眼睛又滴下來的汗。

不知道那些人最終因熱到昏厥身亡，卻都沒有打開冷氣避暑的原因究竟是什麼？是真的覺得沒必要，還是也只是為了省錢呢？不會是為了愛地球吧？當我知道這些在屋內中暑身亡的人，年齡層大多落在四十歲以上至九十歲世代，簡直認為是個警世寓言。結論就是，年輕力壯還能耐熱抗寒，但是中年以後，得善待自己。在有裝空調的屋內熱死，怎麼想都是死得很冤枉吧。

由於各地高溫，很多既有的夏日活動都相繼取消。例如一年一度的京都祇園祭，就因當地猛暑考量，取消了後祭中的「花傘巡行」戶外活動。許多日本小學裡，夏日都會開放游泳池，讓放暑假的孩子自由戲水，今年以兵庫縣為首也決定終止。畢竟烈日下，戶外泳池水溫都高達三十五度，在水中中暑也不是沒可能。

炎夏激發了創意。網路上流傳著「高溫現象短片」。日本網友買了雞蛋，放在車內忘記拿出來，幾個小時後再去，生雞蛋已變成溫泉蛋。還有人拍攝在豔陽下的車頂上打蛋、煎火腿片，居然真的成功。我看再買條吐司來，可以協助他開東京美而美。反正日本哪裡都這麼熱，開到哪就能賣到哪，這不是「餐車」是什麼？

我沒想到東京的酷暑，還能測試出一個企業老闆是否黑心。我的東京好友告訴我，上星期日他們加班，差點沒成為熱死人的數據之一。因為整棟大樓的冷氣是中央空調，但當天僅有他們公司的幾個人加班，老闆因為不願意支付開啟整棟大樓空調的費用，最後寧可讓員工揮汗上班。

總之，真的很熱。今年入夏以來，七月中旬幾乎有一整個星期，東京每一天的溫度都超過台北。東京西邊的青梅地區最高溫四十・八度，是東京氣溫觀測史上最高紀錄。我所身處的都心，觀測最高溫為三十七度，體感溫度也飆到四十三度以上。

網路上，台灣的朋友發訊息，笑著問我：「你要不要回台灣『避暑』啊？」

哎呀，世界真的是變了。

08

日傘男子推廣隊

前幾天，住在埼玉縣熊谷市的日本網友杉山君，在他的推特上貼了一張照片，是他在大太陽底下撐著陽傘的自拍照。杉山君寫著一行短短的圖說：「日傘男子出道！雖然男生撐陽傘還是有點『違和感』？」

幾個小時後，我再看見那則貼文時，照片下的回文引起了熱烈反應。很多男性網友都跳出來留言。有人表示支持：「一點也不會有違和感。只要挑選的傘，顏色適合男生就沒問題！」有人則有同感：「我也是上星期加入『日傘男子』行列。因為真的太熱了！業務工作常在外跑來跑去的，不遮陽真的會中暑。」有人則被激勵，坦承說：「其實想撐，但一直猶豫。最近有愈來愈多的男生撐陽傘，今天看見杉山君也『出道』了，讓我也有勇氣想去買一把。」

不過，其中也有人卻步說：「我沒辦法。旁人眼光會認為撐陽傘的男生，太像女孩子。」或認為「男生就該像是『放浪兄弟』那樣，曬得黑黑的才帥吧！」另外，還有女生表示：「別的男生無所謂，自己的男朋友的話，不太能接受。」

杉山君推特上的各種正反意見，其實是日本今年入夏以來，社會輿論的一個縮影。

日文中的「陽傘」稱為「日傘」，而「日傘男子」指的則是撐陽傘的男生。這個名詞其實在幾年前，曾經躍為該年的流行新語候補，不過「日傘男子」族群之後並沒有真正擴大起來。直到二〇一八年，日本的夏天有如火爐，這個名詞才被再度熱議起來。

女生撐傘遮陽早已成為常態，但男生撐陽傘一直以來還是鮮見。然而，今年七、八月起，日本屢屢出現突破四十高溫的地方，開始決定撐陽傘的男生終於也逐漸增加。

日本環境省早在前些年就公布，根據實驗，在大太陽下站五分鐘以上，有撐陽傘的人，體感溫度會比沒撐傘的人，降低三到七度。此外，撐陽傘可抑制約兩成的發汗量，並鼓勵民間廠商「有必要開發、普及男用陽傘商品」。

最近，逛到ＬＯＦＴ或Tokyu Hands等店內的賣傘專區，發現確實增加了陳列男用陽傘的專區。雖然在東京看到撐傘的男生依舊很少，不過走到日本其他縣市，似乎比例上就有增加。

日本中部的愛知縣名古屋，在這波熱浪高溫中經常奪冠。市內的高島屋百貨公司，在男傘專區共販售二百五十多種的傘。店員岡田惠理子表示，在這些傘之中，最近詢問度指數最高的就是「晴雨兼用」的兩用傘。可見開始意識到把傘拿來遮陽的男性，已經比以前增多。

關東的火爐是網友杉山君所在的埼玉縣。在埼玉縣街上見到日傘男子的比例更高。原因是從去年開始，埼玉縣政府就以官方的立場大推「日傘男子」。二〇一七年埼玉縣廳政府職員組成「日傘男子推廣隊」，率先在通勤時撐起陽傘，鼓勵大家不必害臊。二〇一八年度埼玉縣內增加了八個市共襄盛舉，日傘男子推廣隊從二十名成員，目前增加到一百名，還開設了期間限定的推特帳號「埼玉日傘二〇一八」。推廣隊成員，埼玉縣暖化對策課的職員說：「一開始有點反抗，但用過一次以後，絕對就會明白撐陽傘的好。」

傘業「AURORA」公司與化學纖維「東レ」廠商，是這波日傘男子推廣隊的幕後支持企業。他們捐贈了七十把男用陽傘給埼玉縣政府，讓政府男性員工使用推廣。AURORA表示，因這項計畫，讓男用陽傘的銷售比去年增加了兩倍。

看著杉山君的推特討論串，以及網路上各種言論，我想大多數男生不撐陽傘，其實是因為在意周圍的異樣眼光。這個社會給予太多不合時宜的二元化分類，錯誤地教育大家男生應該那樣，女生就該這樣，久而久之很多人都被洗腦，做不了自己。雖然明明知道陽傘對避暑有幫助，但到底是過不了自身這一關。

走在大太陽下若沒有妥善的防曬措施，除了有中暑病倒的危險，長久下來紫外線也可能導致皮膚病變。這兩天，我又看到一則報導，有日本皮膚科醫生說，男生長期曝曬在烈日下，可能導致頭皮病變，增加掉髮禿頭危機。

我把這則新聞連結轉貼在杉山君那串討論群下，第二天看見幾個原本排斥男生打陽傘的網友，紛紛表示大驚。有人回覆，為了避免禿頭，已經打開Amazon購物網站開始挑選陽傘，準備出道成為日傘男子。

撐陽傘防禿頭，命中紅心男人的致命傷。如果百貨賣傘專櫃以這個標語促銷宣傳的話，我想大概從此以後，男用陽傘暢銷個幾世紀都沒問題吧。

09
看花火最美的角度

煙火在日本稱作「花火」，我總喜歡這個名詞更勝於煙火。因為真的就像是一朵朵燦爛綻放的花朵啊，當火藥飛奔到夜空中迸裂之際。而那稍縱即逝的華麗瞬間，更有如濃縮著一株花的生命。從含苞到綻開，再從枯萎到消逝，不顧一切地衝向巔峰，如火一般炙熱地奮力盛開，最終又灰飛煙滅，讓花火這說法比煙火更多了些淒美。

夏天到日本，如果未曾在這裡看過任何一場花火祭典，那麼可說是從未在夏天到過日本了。男男女女喜歡在這一天穿上傳統的浴衣和甚平，結伴到施放花火的地點席地而坐。經過花火祭典會場裡臨時聚集的攤販，買些燒烤串燒、炒麵和刨冰，或者帶著自己準備好的應景便當與啤酒，就這樣一邊品嘗美味，一邊抬頭仰望花火的施放。好一片熱鬧喧囂的氣氛，是日本夏天最具代表性的戶外盛典。

整個夏天，日本各處大大小小的花火祭典，多到數不清。在東京最知名的花火大會是哪一場呢？很多人都會回答是隅田川花火大會。不過，對我而言，最喜歡的卻是八月第一個週末，東京都江戶川區和千葉縣、市川市共同施放的江戶川區花火大會。因為觀看的地點能更靠近施放煙火的川畔，視聽效果比起隅田川花火來說更為震撼。每一朵巨碩的花火，開到荼蘼，那樣的臨場感，幾乎讓仰望的自己常有一種，整個人就快要被包裹進花蕊中的錯覺。

隅田川花火在七月底，江戶川區花火在八月初。雖然僅間隔一週而已，但很奇妙的是，東京夜裡的氣溫，竟有了清晰的劃分。或者可能只是因為地形和風向的關係？總之，看江戶川區花火的夜裡，明顯比起上一週更涼爽許多。

總在這時候，令人不禁忽地意識到，啊，已經八月了。在日本，到了八月，就常被夜裡漸漸微涼的風給提醒，夏天，已經過去一半了。

全世界都放煙火，但沒有人比日本人更愛煙火。許多以花火發想而出的周邊產品，以及歌頌夏日花火的歌曲、小說漫畫和戲劇，玲瑯滿目，早已成為了日本文化的特色之一，恐怕也是地表上絕無僅有的。

有一部動畫片《花火，應該從下看上去，還是從側面看過去？》（打ち上げ花火、下から見るか？横から見るか？）改編自一九九三年導演岩井俊二在富士電視台的作品，描述一群少年為了想知道煙火從不同的角度看，會呈現出圓或扁的形狀，所以決定在花火節當天爬到燈塔上去一探究竟，衍生出一段少年純愛的故事。

本來就很喜歡岩井俊二電影的風格了，如今變成動畫導演新房昭之的作品，從現實中翻轉出了另一番浪漫的況味。

花火如櫻花，每一年因為天候狀況之故，能不能順利看到，都是運氣。燦爛奪目的花火下，曾經和誰一起站在身旁抬頭仰望？那是緣分，同樣也是運氣。

也許你不會記得了。但是我不會忘記，曾經與你一起結伴看過花火的日子。或許晴天，或許飄雨，那都沒關係。花火一瞬，照亮了你專心注目夜空的表情。花火在空中變化色調，映照在你的臉上，轉換出各種色澤的笑顏。

花火，應該從下看上去，還是從側面看過去呢？站在我側邊的你，如果問起我這個問題，我想，我會說，這是一個祕密。

10
過夏天的方式

夏夜溽熱的風，攜來遠方的旋律，一陣一陣混合著鈴鼓、擊掌與歌聲，讓人的情緒不由自主地興奮高漲起來。我牽著矮我一半以上的小外甥女，循著聲音，從住家公寓慢慢穿過巷弄，走向附近的一座小公園。

抵達公園外緣，還沒見到廣場中央的舞蹈表演，卻先被路邊一字排開的「屋台」（戶外攤販的日文）給止住了腳步。

章魚燒、日式炒麵、御好燒、串燒和烤奶油馬鈴薯……許多美味的食物齊聚一堂，香氣在蒸騰的霧氣裡蔓延開來，讓人聞到飢腸轆轆。除了鹹食以外，飲料、甜點和冰品攤位也多到目不暇給。

不只是飲食而已，還有很多像是射飛鏢、套圈圈、彈珠、撈金魚……等遊戲攤位。這些有如台灣傳統夜市裡的遊戲，對於我這個世代的人而言是不陌生的，本來以為早已過時了，沒想到其實對於現在的孩子們來說，反而有種脫離手機平面遊戲的新鮮感。立體且真實的互動，吸引著一群群的孩子擠在攤位前，人氣鼎盛。

每年夏天，日本會在各地舉辦各式各樣的夏日慶祝活動。可能是在神社舉辦的廟會祭典，也或許是煙火大會，或其他以慶祝夏天為名目的活動。在這些舉辦地點的外圍，會聚集起這樣的「屋台」攤販。東京沒有像是台灣那樣的夜市，唯有在這樣的場合才會出現臨時攤販。攤販的類型橫跨吃喝玩樂，就像一場期間限定的，夢幻的園遊會。

這些活動被稱為「祭典（お祭り）」，有些是很大型的知名慶典，吸引遠道而來的觀光客；有些則是屬於社區型的，就如同在我住家附近的這座小公園，來參加的人也多半僅是住在這附近的居民。社區祭典規模雖小，熱鬧的程度卻一點兒也不輸陣。平常寧靜的社區，街上從來不會聚集人潮，卻總在這時分讓我詫異，原來住的人真不少，而且小孩子竟然有這麼的多。

那一年，小外甥女很小，還在讀幼稚園，跟著家人一起從台北到東京遊玩。時值盛夏，我領著他們像是「跑趴」一樣，參加了許多東京的夏日祭典，帶他們體驗在日本過夏天的方式。

我常常覺得夏天的時候，在日本的小孩是很幸福的。因為在日本過夏天的方式，常給人熱鬧的嘉年華氣氛，有許多適合孩子的玩樂活動。

日本地處溫帶，四季分明，真正熱起來的季節，就是七、八兩個月。從學校到公司都有連假，所以對於夏天的印象，就是要好好掌握適合戶外玩樂的短暫時機。否則一轉眼，秋冬來到，又是行動不便的下雪隆冬。然而，如果是在台灣的話，一年到頭都像夏天那麼炎熱，說實在的，到了更猛熱的夏天時，實在也沒什麼值得歡慶的吧。躲在家裡，或者去大賣場吹冷氣，大概就是最好的過夏天方式。

日本的夏天，除了廟會祭典、屋台攤販以外，煙火大會也是關鍵字。常說若沒到春天的日本看一場櫻花雨，就等於沒來過日本，我覺得夏日的煙火大會也是如此。參加煙火大會，看的不只是燦爛的煙火，也看參加活動的日本人。唯有參加體驗過，身處於看煙火的會場，才能真正感受到日本人過夏天的歡騰心情。

看完煙火，穿過人擠人的會場，縱使消耗體力，卻也感到心滿意足。這時候再到屋台來份清爽的日式刨冰吧！

今年夏天的祭典又來了。看見許多的孩子們在攤位前，舔著嘴唇嚥著口水，睜大著好奇的眼，又想起許多年前牽著小外甥女的那個夏天。

孩子長得快，大人老得快。能夠在某個時光的瞬間，留下定格的美好回憶，就像夏日在夜空中綻放的煙花，即使散去了，燦爛的感動卻永存心底。

11
秋日，知性與感性的收穫

走在東京的街頭，近來常隱隱約約聽到，不知從哪兒遠遠地傳來，一陣陣孩子們嬉遊的聲音。再往下走，才發現原來是一座小學。

秋高氣爽的晴空下，校園裡正熱鬧地舉辦著運動會。操場上孩子們專注地奔跑著，加油聲與歡笑聲此起彼落，飽滿著希望無限的熱力。

時序進入十月、十一月，就是日本秋日氣氛的最高峰了。台灣四季不分明，秋天總是被曖昧帶過。直到住在東京以後，我才看見了秋天的獨有表情。

秋天，是運動會的季節。對日本人來說，回想起童年的校園時光，或是家裡正好有中小學生的孩子，那麼一提起秋天，共同的記憶大約就是「運動會」這三個字。

台灣的學制是秋天開學，但日本是在櫻花紛飛的春天。校園運動會之所以集中在秋天，除了因為從開學後到十月、十一月有足夠的時間準備以外，大抵還是跟秋天的國定假日「體育日」（體育節）有關。東京曾在一九六四年十月舉辦過一次奧運會，政府為紀念並持續提倡全民運動，便將每年十月的第二個週一制定為「體育日」。理所當然的，此後學校舉辦運動會就落在了秋天。

升上了高中和大學，秋天裡學生們最關注的校園大事，則從運動會變成了「文化祭」、「學園祭」或「大學祭」。十一月三日是日本的「文化日」（文化節），讓這些校園祭典都集中在這段時日舉行。無論哪一種名稱，內容都是相似的。由各個班級自主企畫出才藝表演或展覽，類型遍及舞台劇、舞蹈、音樂會、攝影展及各種藝術創作。這些活動不完全只在室內，整個戶外的校園也都會成為舞台。像是園遊會一樣的小吃攤位，在校園裡隨處可見。學生使出渾身解數熱情叫賣著，因為收益愈多，社團經費或班費就愈豐收。

運動會針對校內師生，但文化祭則對外開放。如果有機會在秋天到訪日本，行程中恰逢某間學校的學園祭時，值得一逛，感受一下日本學生們的活潑氣息。

事實上不只是在校園裡，整個日本關於藝術、文化的重大活動，幾乎也都集中在秋天。美術館和博物館習慣會在秋天推出許多大型展演，而東京一年一度盛大舉辦的「東京設計週展」也落在藝術之秋。起初只是針對日本國內的設計活動，現在已擴大變成國際性盛事，有不少台灣設計師也會參展。

或許你不一定完全理解那些設計理念或藝術概念的呈現，但是一點也不必在意。因為對於藝術的詮釋，本來就沒有正確的答案。重點在於思考與想像的過程。不像手機或平板電腦上的短片，在影音中直接給你清楚明白的訊息，而是需要你扮演起偵探一樣的角色，自己主動去看、去想，才能獲得其中的祕密。只要你願意踏進會場，現場的氣氛就會領著你，不知不覺地進行一場刺激大腦創意的巡禮。

其實就算沒有體育日或學園祭，秋天也是個極為適合辦任何戶外活動的季節。這時候的東京已不炎熱了，氣溫微涼，但又還不至於到十二月的酷寒，一切都有一種舒服的剛剛好。

在這樣的氣候中，可不能忘記去山林裡追賞秋日紅葉。東京市區裡氣溫較高，紅葉難尋，所幸還有黃澄澄的銀杏樹。落下的銀杏葉，迤邐出一片金黃色的地毯，有如置身在童話夢境。

不少山珍海味，都在秋天收穫，因此日本人除了說秋天是藝術之秋以外，還是食欲之秋。參加各種體育或文化活動，欣賞紅葉或銀杏，滿足了心靈的收穫以後，最終當然要享用令人垂涎欲滴的當季美食，才是完美的收尾。

沉浸在知性與感性之間，品味一桌的饗宴，對食物、對豐收食物的人、對一起有緣同桌的親朋好友，抱著知足與感謝的心。

明白所有的收穫與擁有，都是一場得來不易的相逢。

12

關東煮的季節

街頭的便利商店，又開始賣起關東煮來了。就算還沒來得及開賣的，也在入口玻璃門貼上預告。幾月幾號，像是大明星開完世界巡迴個唱以後，終於衣錦還鄉似地，大剌剌地宣告：強勢回歸！

便利商店開始賣起關東煮，就代表秋天快來了。在日本生活，有三個最常接觸的東西或場所，能很快感受到季節的更迭。一個是藥房；另一個是自動販賣機；還有一個就是便利商店。季節性的東西，你非得在當季才能買到。

就像藥房，冬天才有各式各樣，防止皮膚乾燥的乳液款式可供選擇，自動販賣機也只有在秋冬才賣熱飲。而便利商店的關東煮，幾乎也只有秋冬才會出現。有些便利商店，甚至在夏天連肉包都不賣。大概是夏天有主打的冰品吧，熱呼呼的關東煮和肉包，對許多人來說，是天冷以後才會想到要吃的東西。

回想我一年之中，在東京最頻繁吃肉包的季節，確實是冬天。比如在車站月台上等電車的時候，倘若是在寒冬的室外，只要緊緊握著一罐熱飲，或者飢寒交迫，雙手捧著一粒熱騰騰的肉包，咬下去，彷彿只是這樣一點瑣碎的小事，就能感覺生活很滿足。

關東煮也是這樣的感覺吧。秋冬的中午當作輕食，或者偶爾的消夜，進便利商店挑幾樣美味的蘿蔔、竹輪、魚板、豆腐、蒟蒻和甜不辣，再喝幾口熬煮入味的柴魚湯。雖然這些東西稱不上是當令食材，但在秋冬吃，情緒上似乎也有了暖和四肢，血液循環的想像。

有些人覺得便利商店的關東煮放太久，或擔心湯頭的味精添加過多，因此為了健康著想，會到超市買食材回家自己做關東煮。這樣一來，不僅食材的安全性能夠掌握，湯頭還可以自己熬煮出習慣的口味。

這兩年有一項問卷調查，表示雖然關東煮在便利商店能直接買來吃，但其實七九．八％的人依然喜歡在家自己煮。冬天在家裡做關東煮，跟吃火鍋一樣，家人圍爐邊吃邊聊，是許多日本人從小到大的成長風景之一。至於關東煮的食材當中，最受歡迎的食材排行榜是哪些呢？無論男女，第一名愛吃的都是蘿蔔。第二名是煮蛋；其次是蒟蒻。

關東煮裡我最鍾愛的也是蘿蔔。事實上，我覺得蘿蔔非常隨和，跟誰都能變成相襯的好朋友，煮成什麼都好吃。

住家附近的車站，最近開了一棟背包客旅店。旅店的樓下，附設一間專賣關東煮的居酒屋。在銀座的小巷弄中，也有幾間知名的關東煮小舖，但老闆多是上了年紀的師傅，空間也促狹。那間新型態關東煮居酒屋是一群年輕人開設的，裝潢新潮，氣氛文青，翻轉了我過往對這類型店家的印象。

上星期朋友到訪，立刻決定一道進去嘗嘗。

圍著中間的關東煮鍋爐，客人們坐在吧檯上繞成一圈，笑語聲交錯。嘴裡才剛入口一根竹輪呢，目光已忍不住投向快要煮好的蘿蔔。

看著關東煮鍋裡滾動的湯汁，裊裊的霧氣，讓每一根黑輪都像浸泡在秋天的露天溫泉池一樣，自己的身心竟也跟著舒暢起來。

13
銀座聖誕

自從搬家到現在的住處以後，我的生活範圍就整個移轉到了東京都心的東邊，集中在中央區和千代田區。縮小範圍來說的話，就是常來東京旅行的人也熟知的幾個區域，包含築地、銀座、有樂町、日比谷、丸之內和東京車站等地。

從前住的地方離這邊遠，來去匆匆，少有機會細細觀察這一區在年中的變化，而現在路過的機會頻繁增加了，於是便開始發覺，隨著四季更迭，這裡作為日本潮流時尚領航之一的地區，對於節慶的時間感也更為敏感。

大約在十月下旬，某一天，當我走在銀座通上，突然發現兩側的行道樹有了變化。種植行道樹的花圃，明顯地被經過鏟土，在許多樹的旁邊多出了空間來。

以前不住在附近，偶爾來銀座，根本不會特別留意行道樹的風景變化，而如今因為常經過，有任何一點細微的改變，都容易注意到了。

只是我的注意力只觀察到花圃產生了改變，關於細節卻沒有全然捕捉到。

花圃裡多出來的空間是要做什麼呢？我突然陷入努力回溯記憶的深淵。

然而，怎麼樣也想不起來，到底原本的位置是也有樹，而如今被移走了嗎？還是，原有的位置其實有種了什麼其他的花草，但因為某個理由決定鏟走了呢？

就這樣，帶著一樁城市風景的懸案，那陣子，我每每走過銀座通時，就覺得內心的小劇場在上演一齣推理連續劇。直到過了不久以後的某一天，當我在回家的途中又穿越過銀座通時，總算真相大白。花圃被鏟開來的空位，移植進了新的樹木。

那些「新參者」樹木，每株高約三公尺，比原來的行道樹還高聳，穿插在原有的樹木之間，在銀座通上一字排開。

雖然還沒有替它們披上任何燈飾，但已經阻擋不了群樹的氣勢。

這一刻，我恍然大悟：啊，它們是聖誕樹。

一年一度的聖誕節，就要來了。

過去，每逢聖誕節或歲末年初若有來到銀座逛街時，都是已經看到裝飾好彩燈的燦亮聖誕樹。總是理所當然地以為，那些行道樹只是在十二月時掛上燈飾就完成變裝的。直到最近，我才知道銀座通上的行道樹，原來平常並沒有那麼多株。

許多的樹，是為了迎接聖誕節和新年才移植過來的。等到節慶過去以後，那些樹又會被移走，像是被情商參與一場特別演出，大戲落幕以後，它們功成身退，交還舞台，花圃再次復原成過節前的模樣。

這些作為銀座聖誕樹的行道樹，品種叫做「赤松柏」。原本在銀座通上就有約一百零九株左右，逢聖誕節來臨前，會追加一百株更高的樹。整個銀座區域，除了在銀座通上從銀座一丁目到八丁目，還包括晴海通上從數寄屋橋（有樂町、日比谷周邊區域）到銀座四丁目十字路口，合計總共約會有二百零九株左右的赤松柏，都會布置起燈飾來，搖身一變成為夜裡閃爍熠熠的聖誕樹。

那些樹，為什麼不乾脆一直放在銀座的路上就好了呢？大概是如果所有的花圃都只種植同一種類樹木的話，銀座街上的風景就會變得索然無味了吧？沒有其他花草相襯的單調街頭風景，當然不能跟林立的時尚名店相互輝映。那樣的畫面，銀座（如果她是一個人的話）不會喜歡。

聖誕跨年過後，那些追加的樹木就會全部寄贈給各地團體。

我想不出來東京還有哪一個地方可以如銀座這麼豪氣？難怪總說銀座是屬於「大人的」銀座。那種感覺，就好像你在某間餐廳跟朋友吃飯，巧遇某個有地位的長輩。打過招呼，長輩離開，然後，當你吃完準備結帳時，店員告訴你，剛才長輩已經先幫你付清了。

銀座過聖誕節，對聖誕樹的使用方式，總讓我覺得有股這樣的海派。

「節過完了，樹，就給你們吧！別爭別爭，今年沒拿到的，來年還有。」

再次把銀座給擬人化，我想，她可能會對東京其他的地區這麼說。

銀座好像很跩？不不不，別誤會！不是我要替銀座說話，銀座真的沒有要故意擺高姿態的意思。實在是因為如今日本會如此大張旗鼓地過起聖誕節，一切都跟銀座有關。

銀座京橋有一棟大樓，叫做「明治屋」。這間老店創業於百年前的明治年代，創業者是曾經在英國留學的日本人，主要是一間舶來品專賣店，在當時外國商品流通市場還不太發達的時代，專門販售國外進口的食品與食材。

一九〇〇年（明治三十三年）明治屋在銀座京橋開幕，因為老闆喝過洋墨水，賣的又是舶來品，自然在行銷宣傳和店家裝潢上也引進洋風。

那年聖誕節，明治屋立起聖誕樹和布置起相關裝飾，成為日本第一間熱鬧過聖誕的店家。前所未有的宣傳做法，旋即成為新聞話題，廣為國人所知，許多人紛紛慕名而來，帶動明治屋和周邊商機。自此，每逢聖誕節，布置聖誕樹和裝飾，遂成為明治屋傳統，而其他店家也開始爭相效仿。而到了一九三〇年（昭和五年），明治屋又再創新舉，在聖誕節時掛上「大拍賣」（大売り出し）字樣的氣球，也就是從這個分水嶺開始，日本聖誕節時開始仿照西方國家，有了聖誕節折扣季。

我最喜歡在聖誕節來到前，逛百貨公司的地下街。像是伊勢丹、三越、高島屋等，這些百貨龍頭業者的地下街販賣熟食與甜點專櫃，在平日本來就已是人間天堂，每到了十二月因為賣起各式各樣華麗的聖誕蛋糕，變得更加熱鬧非凡。

聖誕節買蛋糕吃，早已是日本人過聖誕節的方式之一。這習慣的養成也跟銀座有關。一九一〇年（明治四十三年）銀座「不二家」開始在聖誕節推銷蛋糕，一般來說是大家認為日本與聖誕蛋糕最早的連結。不過，真正流行起來是要到戰爭結束後，砂糖和麵粉的使用解禁，以及冰箱在日本普及以後的事了。

聖誕樹、聖誕裝飾、聖誕節折扣季和聖誕蛋糕，如今每逢十二月下旬，這些在日本隨處都可見到的平常事，原來起源都跟銀座有關。所以說，如此引領風潮的銀座商圈，迄今過聖誕時流淌的氣派與高度，自然也是可以理解的了吧。

日本過聖誕，最有趣的事情就是大家會在這一天去買炸雞吃。這是全世界只有日本才有的「習俗」，令真正在過聖誕節的歐美人都感到不可思議。

緣由來自於日本肯德基在一九七〇年代，聖誕節打出吃炸雞的促銷，意外引起迴響，連續幾年下來，自此定調。大概就跟台灣過中秋節，某一年起因為受到「萬家香」烤肉醬的廣告影響，開始了中秋烤肉是一樣道理。

一九七〇年代以後出生的日本小孩，從小過聖誕就是吃炸雞，早成為既定印象。直到現在，每逢聖誕時節，我新認識的日本朋友還會問我：「台灣過聖誕節，大家除了吃炸雞跟蛋糕以外，還有什麼當地特別的慶祝方式嗎？」

當我回答他們「其實只有你們才在吃炸雞」時，發問者都會露出一臉晴天霹靂的表情，好像突然發現地球不是圓的一樣。

因為日本的市場商機自給自足，許多東西都自成一格，常常不曉得外面的世界原來跟他們不是同一個標準。就像iPhone沒有入侵日本市場以前，他們一直不知道，世界上只有日本電信業者會鎖機——你跟哪家電信業者買手機，那支手機就只能認那間電信。即使合約到了，手機也不能跨公司使用。

這一、兩年，除了銀座通和晴海通的聖誕樹，以及一直以來在三越百貨、MIKIMOTO、山野樂器店前光彩炫目的聖誕裝飾以外，新開幕的銀座東急廣場和GINZA SIX也加入彩飾聖誕的盛典。縱使東京有許多商圈的興起，但看來銀座還是會有著難以被替代的地位，繼續在聖誕時分自傲下去吧。

銀座歡度聖誕，晃眼已有百年歷史。

腳步雜沓的百年時光中，渺小的我，此時此刻在銀座通上，駐足觀看又再次裝飾起的聖誕樹時，不免在想，這一百多年來，有多少人也曾和我一樣，站在同個位置，以相同的角度仰望這片風景呢？

我們身處的時代不同，來自不一樣的地方，也將往不同的人生方向前進，但每個人渴望愉悅安好地送舊迎新，那份心情肯定是跨越時空的一致。

有人會對聖誕樹許願嗎？好像沒聽說過吧。一年快過完了，可不可以，就讓我任性地對聖誕樹許個願？

願想起你的我，記起我的你，無論在哪一個城市的角落，都能被這樹上溫暖而璀璨的光給照耀包裹。

感激舊歲，我們會有更好的一年。

04 飲食的好日子

飲食習慣之所以稱作「習慣」，就代表它是一種能改變、會適應的事。我們就是這樣容易，會不知不覺地習慣一種口味、一件事，甚至一個人。縱使心知肚明，那不一定會是個好習慣。好習慣、壞習慣，都是源於離不開的依賴。

01
日本人的年菜

如果來到日本跨年，這段期間可能會在大街小巷、電視或報章雜誌，常看見三個字：「大晦日。」日本人稱十二月三十一日叫做「大晦日」。我們一看到「晦」這個字大約就直覺是「晦氣」之意，似乎很負面。難道「晦日」是倒楣的日子嗎？而且還加個「大」字，豈不是大觸霉頭的日子？千萬別誤會了。其實「晦」字在此跟晦氣無關，本義也是來自中文。我們現在已經不太使用的詞彙，日本仍保有非常古典的用法。

晦，取自於月亮陰晴圓缺「弦、望、晦、朔」的四種變化。朔是新月，農曆每個月的第一天；晦則是月亮看不見，農曆每月的最後一天。所以每個月的最後一天稱為「晦日」，每一年的最後一天就是「大晦日」了。只是日本在明治維新以後，將農曆節氣直接搬到新曆來用，如今晦日在日本被挪用成新曆的最後一天，已跟農曆無關，故大晦日的十二月三十一日，月亮多半還是看得見的。

那麼，大晦日的這一天晚餐，日本人都習慣吃些什麼呢？

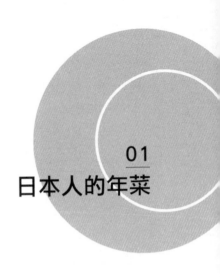

在大晦日的這一天晚上，家族或朋友們團聚在一起，最普通的習慣就是一邊看NHK的「紅白歌合戰」，一邊晚餐。

年菜吃什麼？台灣人喜歡在過年要「圍爐」吃火鍋，因此住在日本的台灣人也習慣如此跨年。但其實在大晦日，會吃火鍋跨年的日本家庭並不多。

傳統的日本家庭年菜，根據統計，六成左右的家裡，習慣上都會煮蕎麥麵來吃。這一天的蕎麥麵被稱作跨年蕎麥麵（年越しそば），其實用意跟我們所謂的壽麵類似，希望來年有如長長的麵條一樣繼續健康長壽。另外約有兩成半的家庭，家裡吃的是烏龍麵，意義也是相同的。

正式的日本年菜，是日文中所謂的「御節料理」（おせち料理）。如果在跨年前逛一趟便利商店或日本百貨的超市地下街，就會看見許多預購御節料理的攤位。御節料理看起來很像是高級版的日式便當，但是以正方形的飯盒或漆器來盛裝，在九宮格或四格或七格不等的分格中，放進各種食材。原本在古代是以豐盛的料理做為謝神的奉祭品，後來演變成歡慶節日的正月料理。

盛放御節料理食材的飯盒或漆器，正式名稱叫做「重箱」。其實就是在吃日本料理時，常會看見桌上出現一個個疊起來的正方形食器。「重」字不是重量，而是重疊之意。故使用「重箱」吃年菜，有一年疊著一年，年紀增長，節節高升之意。

依照不同的地方和習慣，御節料理使用的重箱會分成使用兩個、三個、四個或五個的「重組」，稱為二段重、三段重、四段重和五段重。不過，實際上不會有人說「四段重」。因為「四」跟「死」的發音（shi）相似，故會避開這個字的發音，以四的另外一個發音（yo）來稱呼，漢字也借字轉換成發音一樣的「與」字，成為「与の重」。

御節料理中的食材，主要會具備四大種類，分別是：祝肴（開胃小菜）、煮物（燉物）、燒物（燒烤）和醋物（醃製物），其中不乏包括龍蝦在內的各種山珍海味。愈是高級的御節料理，愈是強調使用當令高級食材。一份御節料理訂購下來，通常都要日幣兩萬圓左右。更不用說像是伊勢丹或三越這樣高級的百貨了，一份看起來量並不多的御節料理，價格上看日幣五萬的不在少數。

如此價格不菲的日本傳統年菜，在視覺的顏色搭配、食材的排列組合和「重箱」的設計上，看起來都非常漂亮，一定很好吃吧？對日本人來說也許是肯定的答案。不過，對台灣人來說可能就不一定了。因為這些御節料理，其實就跟日式便當一樣，全是事先做好的。大部分甚至是放在冰箱冷藏過，拿出來吃的時候也不會加熱，換句話說，御節料理全是冷冰冰的年菜。

你要是問日本人，跨年時節那麼冷，為何不吃些暖和身子比如圍爐的年菜，而是花那麼多錢買御節料理，結果盡是吃些冷冰冰的年菜呢？日本人多半會愣一下，然後吞吞吐吐地告訴你：「跟家人吃御節料理是日本過年的傳統，就是一種『緣起』討好運的象徵。」問到最後，可能有人會坦承：「其實我也是想吃熱呼呼的火鍋的。」

大晦日的日本年菜。無論是再怎麼喜歡日本的台灣人，對於在跨年夜面對一桌冷冰冰的年菜，恐怕還是有點難以接受的吧。

怎麼樣？到日本跨年想入境隨俗吃一頓非常日式的年菜嗎？還是決定自己的年自己過呢？

02

吃七草粥的日子

在日本的傳統習俗上，開春的一月七日這一天要吃「七草粥」。七草指的是芹菜、菠菜、生菜、蘿蔔、筍芹、芥蘭或荷蘭豆，不過並沒有嚴格限定一定是要這七種。隨地方不同，或者自身口味的迴異略有更動。入境隨俗，我在日本這麼多年，不知不覺也習慣會在這一天，記得吃上一碗七草粥。

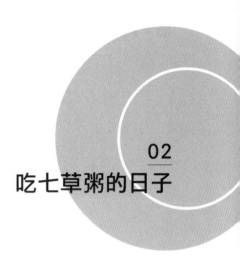

但嚴格來說，倒也不是真的自己記得的，而是因為在一月初，無論你走進日本的任何一間超市或超商，都會見到擺放大量烹飪七草粥的蔬菜包專櫃，或是已經煮好的七草粥熟食，旁邊貼著海報提醒你：「該吃七草粥了！」像是催眠轟炸似的，搞到最後好像你不吃，都愧對於那些野菜的生存價值。

事實上，除了吃七草粥的這一天以外，一整年內遇到所有的節氣或節日，習俗上該吃什麼、該用什麼泡澡，這個社會上各個角落的店家都會如此提醒你。當然台灣也會，不過日本的做法比較決絕。比方說在台灣，你一整年都很容易吃到湯圓、肉粽、潤餅等食物，可是在日本，一旦你錯過節日，想吃，就很不容易在店裡找到。像是七草粥，到了一月八日就從超市裡消失得無影無蹤，彷彿從未出現在這世界上過。這足以說明為何日本人那麼愛推出「期間限定」產品，因為他們本來就是用期間限定的態度在過日子的。

過去我都是去超商買現成的七草粥來吃，不過今年第一次嘗試自己買食材，用砂鍋來煮看看。當天把成品分給日本朋友吃，沒想到被稱讚真美味。還追問我：「七草粥有這麼好吃？我本來沒有很愛吃七草粥的，你加了什麼嗎？」

果然是行家。我在煮粥時，放進兩片從築地市場買回來的昆布片一起慢慢熬煮，大概因為這樣味道才更香醇吧。吃完一碗再添一碗，日本朋友撒上海苔佐料，我則默默拿出他們不愛的肉鬆，七草粥頓時散發台味。

日本人過新年，不過舊曆年，「正月新春」指的不是農曆，生肖年就是新曆元旦開始算起。從中國傳來的節氣因此全提早近一個月，表面上看來有點荒腔走板，但骨子裡卻堅守著正月該吃些什麼來招好運的民間習俗。比如跨年除夕要吃蕎麥麵；新年吃御節料理，二日起再把冷冰冰的御節料理下湯做成「雜煮」（年糕湯）；到了七日，連續大魚大肉油膩食物後，就吃點用當令蔬菜煮成的清淡七草粥。

吃七草粥時要吃精光，不能有剩也不可倒掉，否則七草象徵的福氣也會被清掉。此外，還會吃「鏡餅」（圓形堆疊的年糕）。到了一月十一日，俗稱的「鏡開」日，就要把跨年期間供奉的「鏡餅」給吃掉，相信可以帶來無病消災的好運。吃的時候會用木槌或手來壓扁分塊，不能用刀切。因為鏡餅代表圓滿，用刀切有切腹的聯想，不吉利。

這些正月吃來招好運的食物和飲食方式，都是日本人的一般常識，即使連年輕人也知道，因為從小到大，家家戶戶都是這樣教導孩子的。很難想像直到如今，現代化的日本，日常裡仍持續著如此傳統的文化。

其實吃七草粥的習慣，最初也是在平安時代（約等同中國唐末至宋朝）從中國傳至日本的。據說台灣在明清年間也還有這項飲食習俗，現在已失傳。不禁讓人在想，都說年味愈來愈淡了，快將迎接農曆春節的台灣，究竟現在還有多少往日的習俗仍在延續呢？日本人把許多原本在中國的習俗引進後，經過千百年來的內化與進化，如今都變成了大和文化。眾多華人社會已不復存在的傳統，卻仍能在日本尋獲蛛絲馬跡。

吃著七草粥（又撒上台灣肉鬆）的我，默默想著文化的豐富壯大，本來就該是創造廣納百川的可能，而非自我設限的消去法，才能融合出一個有新不忘舊，並極富美感判斷力的纖細民族性吧。

03

日本限定版印度烤餅

有在追蹤我的ＩＧ或臉書的朋友，大概很清楚有一種食物，是以壓倒性的高頻率姿態，在我的貼文裡反覆出現。肯定有人以為是網路運算機制把舊文又翻出來吧？但真的不是。總是新的貼文，的確我又去吃了。那就是印度咖哩店的印度烤餅（Naan／ナン）。

在東京隨便一間小店裡吃到的印度烤餅，都比台灣的好吃。自從旅居到東京之後，印度咖哩店就成為我的心頭好，每隔一段時間，必然上門溫習。有幾次回台灣休假久了，想念起東京的食物，居然腦海浮現的是印度烤餅。

最近這十年，在日本，尤其是東京，日常飲食的陣容又增加了一個，那就是印度咖哩。根據地域情報雜誌的統計，二〇〇八年全日本印度餐廳的登記數是五百六十九間，十年後，已突破二千二百多間店，成長四倍。其中密集度最高的是東京。可見東京人真的愛吃印度咖哩和烤餅。

印度餐廳激增的原因，其一是十年來，日本赴印度做生意的企業增加了四．八倍，而同時來到日本從事ＩＴ產業的印度人也增多，交流頻繁下，帶動了大家對於印度料理的親近感。其二是就像華人在海外也會開中國菜餐廳一樣，印度人或尼泊爾人若想以開店的方式取得日本就業簽證，那麼咖哩店自然是不二之選。

在日本的印度咖哩店，老闆和店員不一定就是印度人，很多其實是尼泊爾人，或老闆是印度人，員工是尼泊爾人。因為對日本人來說，尼泊爾的知名度沒有印度來得高，所以為了辨識度，幾乎都歸類成印度餐廳。但現在有些店家的老闆，其實是日本人，聘用的員工才是外國人，原因是開印度咖哩店的成本，遠比開拉麵店還低，且競爭較小，何況東京人又那麼的愛。

說起印度，我在東京曾經短暫去上過源自於印度的瑜伽課。說也奇怪，在教室裡努力做著那些高難度的動作時，不由自主地就會開始想到印度咖哩與烤餅。為了等一下能吃到美味的咖哩烤餅，現在就努力撐過去，自己利誘自己。老師在前臺上凹來折去的，在我眼中，全變成廚師手上翻折的烤餅。

後來才聽說，東京流行起印度咖哩店和瑜伽的時興也有關係。在媒體的推波助瀾下，印度咖哩被視為健康飲食，同時與印度瑜伽變成一個套裝行程，很多人練完了瑜伽就去吃咖哩。

日本印度咖哩店的烤餅，特色是非常、非常的巨大。無論哪間店，這些巨大烤餅都有著同樣的形狀。水滴圓弧形，大到盤子放不下，尺寸占掉半張桌子。若沒有意外的話，也保證比你的臉大。第一次在日本吃到這種巨大的印度烤餅時，每個人都會網美上身，忍不住拿起烤餅靠近臉龐合照一張。那一刻感覺自己的臉真小，烤餅吃起來也減少了些罪惡感。

店裡的烤餅是吃到飽的。但哥要奉勸各位千萬不要動貪念。老闆常會看你快要吃完了，就好心問你要不要再續一片。當你吃完一片以後，還覺得意猶未盡，可是當第二片再上桌時，肚子裡的烤餅已經開始膨脹，結果第二片才吃幾口，你就會發現這是一場酷刑。

我是在最近才知道，原來這種規格統一，水滴形的巨大烤餅，根本在印度或尼泊爾是沒有的。很多日本人去印度「尋根」想吃最正宗的大餅，結果怎麼也找不到。原來，巨大烤餅是為了日本人而發明的，只有在日本才能吃到。然而，很多日本人迄今仍不知道他們喜歡的巨型烤餅，其實是日本限定版。一個被日本網友，稱為「令人驚愕的事實」。

說起來，日本還真多這種當地根本沒有的「和製」異國料理。像是台灣沒有的名古屋「台灣拌麵／拉麵」或天津沒有的「天津飯」也是知名例子。我其實還滿喜歡這種越界發明的食物。台灣可以擁有四川沒有的四川牛肉麵；美國可以發明出日本沒有的加州創意壽司；印度巨型烤餅，當然也可以在印度以外的國家誕生。

身分是一回事，但出生地和生活地又是另外一回事。世界的融合永遠沒可能達成，所幸在食物上早已做到世界大同。至於哪裡製造的，不重要。東西要好吃，生活得有趣，重要的是，你喜歡就好。

04

半炒拉麵

在日本的中華料理店和拉麵店裡，菜單上常出現一道菜叫做「半炒拉麵」。

什麼是半炒拉麵呢？別懷疑，我沒有寫錯字，是「半炒」沒有錯，而不是你可能以為的「拌炒」兩字。

半炒拉麵這個詞是從日文直翻而來的，原文是「半ちゃんラーメン」（Han-chan Ramen）。「半ちゃん」是「半炒飯」的略語，把炒飯的「飯」給省略了，只留下「炒」一字的發音，意思就如同字面上所見，一半的炒飯、半碗炒飯之意。至於「半炒拉麵」是怎麼樣的吃法呢？可別誤會是把炒飯倒進拉麵裡吃，其實，只不過就是一碗拉麵再搭配半碗炒飯的套餐而已。

日本男人向來吃拉麵時，總覺得只吃一碗麵，嘴巴很寂寞，於是習慣在吃拉麵時再點一盤煎餃，或炒飯來搭配。當然，啤酒也不能缺。炒飯一大盤恐怕太多，但又想吃怎麼辦？於是在客人的引頸期盼下，店家開始提供半盤炒飯的選項。一碗拉麵加上半盤炒飯的套餐形式，點的人愈來愈多了，最後，乾脆取一個方便好說的名稱，於是乎

「半炒拉麵」便正式成形。

據說關東最早開始賣起「半炒拉麵」的地方，是在東京神田、神保町的拉麵店。過去我知道這一帶向來是東京咖哩的激戰地，但後來才曉得，原來這裡的拉麵店競爭也非常激烈。

在日本，凡是學生多的地方，都會成為咖哩與拉麵的聖地。原因很簡單，因為這兩種料理只要將備料預先準備好，那麼點餐後的烹飪時間都不長。況且價錢便宜，分量又驚人，完全迎合了正在發育期中的年輕人之好感。神田、神保町聚集的學校和補習班非常多，上班族更不少，若說「半炒拉麵」誕生在此，一點也不奇怪。

都市傳說中有此一聞，在一九六六年開業的中華料理老舖「SABUCHAN」（さぶちゃん）可能是這一區域最早賣起「半炒拉麵」的店家。一個套餐價格只要日幣七百五十圓，可說是佛心來的。不過，真正將「半炒拉麵」普及且把日文名稱「半ちゃんラーメン」（平假名、片假名一字不差）登記成註冊商標的，則是另外一間名為「幸樂苑」的中華料理連鎖店。

在東京愛好半炒拉麵的粉絲心中，神保町向來有「半炒拉麵聖地」的美譽。過去「SABUCHAN」和另外兩間店「伊峽」和「成光」，被粉絲奉為「神保町半炒拉麵御三家」；若再加入「TAIYO軒」（たいよう軒）則成為「神保町半炒拉麵四大天王」。就算沒吃過，光聽見這樣的尊稱就覺得很威了。可惜「SABUCHAN」的老闆木下三郎先生年事已高，前陣子已決定歇業。

對於華人來說，日本人在拉麵店裡，像是半炒拉麵的這般吃法，初次聽到時，常會覺得有點難以理解。

對我們來說，麵、飯、餃子算是三國鼎立的主食，通常就是挑其中一個來吃，然後頂多就是再點一、兩道小菜。像是吃麵同時又吃炒飯，或者邊吃飯邊吃煎餃，實在不是日常生活中的飲食習慣。

如此風行過半世紀的半炒拉麵，最近在東京面臨了生存關鍵。

隨著老店「SABUCHAN」的歇業，讓人發覺其背後隱約透露著一件現實殘酷的事。那就是近年來，東京類似神保町「SABUCHAN」這樣的中華料理店，吹熄燈號的店家愈來愈多了。

日本厚生勞動省曾在二〇一一年做過調查，全日本非連鎖的個人中華料理餐廳，老闆超過五十歲的占了七二%以上。這是多年前的資料，現在高齡化的狀況肯定更嚴重。這些中華料理店大半是一個人經營的形式，且八成以上的營業時間超過晚上九點以後，對年紀漸大的老闆來說，長期下來是很大的體力負擔。而且後繼無人也是一大問題，所以決定退休時，便等於店家結束營業。

即使店家還沒倒，不少老闆也取消了半炒拉麵這套餐。更精準地說，是決定只賣拉麵，不賣炒飯了。一來是減少工作量，二來是物價成本上漲，如今要賣半炒拉麵的價格會超過日幣一千圓，這對於省錢的學生或上班族來說，每天午餐費要是超過一千圓，就會令他們打退堂鼓。

熱愛傳統日式中華料理店的人因此憂心，半炒拉麵這個專有名詞，不久以後，將會從餐廳裡漸漸消失。

原本我也覺得拉麵、飯和煎餃混在一起吃，是一件挺奇怪的事。況且這幾年流行起「糖值限制」的概念，像是吃拉麵又同時吃炒飯或煎餃，碳水化合物加上碳水化合物，完全是自找苦吃。

可是，不知道哪一天起，當我走進店裡吃拉麵和炒飯時，發現居然也不自覺會點上幾粒煎餃搭配時，著實被自己的舉動給嚇了一跳。這證明所謂的飲食習慣之所以稱作「習慣」，就代表它是一種能改變、會適應的事。

我們就是這樣容易會不知不覺地習慣一種口味、一件事，甚至一個人。縱使心知肚明，那不一定會是個好習慣。

好習慣、壞習慣，都是源於離不開的依賴。

05

中秋吃漢堡

整個東京好像都在等過萬聖節。九月底十月初走在街上，大概會有這種感覺。聖誕節還遠，九月雖然有日本的敬老節、十月也有體育節，但都不是商家可以販賣浪漫和趣玩的節慶。所以只剩下萬聖節了。山崎小姐這幾年跟朋友特別熱中過萬聖節。前兩天見面時，就一直不斷在跟我說一個月後，要跟朋友如何去澀谷扮鬼遊行過節。

「中秋都還沒過呢！」我忍不住脫口而出。

「中秋！對，謝謝你提醒我！我要去吃月見漢堡！」山崎小姐忽然說。

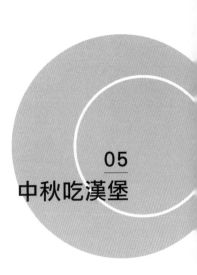

一聽到「月見（賞月）漢堡」我便失笑了。是啊，沒錯，我身邊有好多日本朋友，說到中秋賞月，立刻聯想到的就是麥當勞期間限定販售的月見漢堡。

日本麥當勞每逢秋天，就會配合中秋節推出季節限定的月見漢堡，販售期間大約一個月左右。到二〇二〇年為止，居然已經連續販賣超過三十年了。最近幾年還強勢推出升級版，定名為「二代目月見漢堡」。漢堡跟賞月該怎麼扯上關係呢？其實就是漢堡裡面夾了片能見到圓圓蛋黃的煎蛋而已。

連續賣了三十多年的月見漢堡，換句話說，一個今年三十歲的成人，從小耳濡目染，每到秋天就被麥當勞廣告給強力洗腦的話，現在會認為到了中秋節就該吃月見漢堡，一點也不奇怪。就跟台灣人每逢中秋，就覺得要烤肉是一樣的吧。記得我在小學以前，台灣過中秋，可是跟烤肉一點關聯也沒有的。

日本人雖然有「中秋の明月」和「月見（賞月）」這幾個名詞殘存著，甚至也可以買到月餅，但是大家早已不過中秋，對中秋節也沒有什麼感覺。頂多就是看到媒體上說「今天是中秋明月」才會想起：「喔，今天是中秋呀。」月餅雖然能買到，但吃的人恐怕多是華人。若真要說日本人在中秋會吃什麼傳統食物，那當然不會是月見漢堡，而是「月見糰子」。只是白色的月見糰子跟平常賣的麻糬丸子沒啥差別，所以真正會想在這天去買來吃的人也是少之又少。

從前日本受中國影響還用農曆，這些節慶如中秋，跟華人一樣也是會過的。據說在唐朝，過中秋的習俗就由遣唐使傳到日本來，所以在日本的奈良時代、平安時代（約西元七一〇至一一八五年前後）過中秋仍是年節盛事。我覺得最有趣的是，聽說平安時代日本人的賞月方式，並非如華人一樣直接抬頭望月，而是喜歡欣賞倒映在湖水上、杯酒中的月影。過中秋的習慣，直到明治維新廢除舊曆法以後，在日本才名存實亡。

雖然台灣到了九月底十月初還是熱得不得了，但東京在這時候已進入秋意濃郁的氣候。尤其是入夜之後，在外頭若穿短袖，偶爾還會感覺襲來一陣寒意。不過，這段時間的夜晚，始終是我一年當中最喜歡的時候。夜裡睡覺時不必開冷氣了，又還不需要開暖氣，只要半開著窗，房間就會盈滿穿堂的風。

睡前，看見窗外遙遠的月，突然感覺到有點微餓，腦海中竟浮現出月見漢堡的影子。啊，環境對人的影響真的很大啊。明明對月見漢堡沒什麼興趣的我，決定明天也去應景吃一吃吧。心裡懷想著食物，窩進被子裡，在恰當的深夜氣溫中，秋高氣爽正好眠。

06

愛吃牛的日本人

台灣人愛吃和牛，那麼日本人自己呢？姑且無論牛肉的產地來自何方，猜猜看日本全國都道府縣當中，最愛吃牛肉的會是哪裡人？

答案是京都人。根據日本總務省在二〇一五年至二〇一七年的家計調查統計，以京都市兩人以上的家庭為單位，一整年花在購買牛肉的消費金額是三萬八千零一十八日圓，為全日本都道府縣的冠軍。不僅花在牛肉上的錢多，消耗量也是全國第一名，平均年度吃掉牛肉的總重量約為九・八公斤之多。

和牛當中雖然有「京都牛」的品牌，但京都牛稱不上是有名的和牛。京都人愛吃牛，跟京都牛本身沒有太大關聯，而是因為京都有著得天獨厚的「牛肉」地緣關係。京都左擁右抱著日本三個最重要的「銘牛」產地，分別是神戶牛、松阪牛和近江牛。在地理位置上，京都幾乎是這三個地方的中央，所以很容易就入手美味的牛肉。

從小就吃到有質感的牛肉，自然並非難事。既然有這麼好吃的牛肉，為何要放著不吃呢？好的東西，一吃就成習慣。久而久之，培育出了京都人對於牛肉的需求，以及舌尖品嘗出好牛肉的能力。

有京都人說，京都人愛吃牛肉，跟性格有關。印象中，京都是個千年古都，待人處事的方式不僅保守也比較傳統。可是，京都人自己卻認為，京都人的性格其實是還滿喜歡新鮮事物的。雖然背負著歷史與傳統，但同時也愛追求突破與改變。想想京都車站的建築，約莫就可理解了。在一座標榜著保存許多老建築的古都中，卻把車站改建成完全不傳統的風格，其背後多少也透露著京都人的矛盾吧。

在古早的江戶年代末期以前，日本禁食牛肉，直到明治年間以後才開放。一開放以後，愛嘗鮮的京都人就立刻引領潮流。據說當牛肉一解禁，最快把牛肉引進料理食譜的，正是京都的餐廳。創業於明治六年（一八七三年）的京都老舖「三嶋亭」，如今被公認是最早賣起牛肉壽喜燒的店家。

京都出身的作家柏井壽認為，京都人愛上吃牛肉，跟京都存在著「花街」文化亦有關係。像是祇園、上七軒這樣的花街裡，有非常多高級的日本料亭。來到這裡的客人吃過的東西多，太過普通的料理當然難以滿足。帶藝妓舞妓進出，出手大方，高級和牛自然是飯桌上常見的風景。客人挑嘴，連帶著廚師也必須精益求精。料理人的競爭激烈，把原本品質就好的牛肉，想辦法再做到絕頂好吃，就是一決勝負的關鍵。長年累月下來，在京都吃到好吃的牛肉料理，就比在其他地方有更大機率。

順帶一提，在這項調查出爐以前，京都人其實還曾經奪下過另一項食物消費量冠軍，那就是麵包。以前就聽過全國最愛吃麵包的是京都人，原來牛肉也是最愛，倒還是第一次知道。

這讓我忽然想起，我的京都朋友們似乎確實滿愛吃牛肉，對於麵包也充滿主見。其中的裕也君最為明顯。他每次聽到我要去京都出差，都會拜託我幫他帶一盒「SIZUYA志津屋」麵包店裡賣的炸牛肉排三明治回東京。

SIZUYA志津屋是京都麵包老舖，號稱是日本牛肉排三明治的創始元祖店。一口咬下去，京都人愛的牛肉和麵包，一網打盡。我因為裕也君的介紹而知道這間店，幫他帶回東京時也曾買過來吃。感想是好吃的，但實在也沒到達多麼驚為天人的地步。

只能再次證明，一個人的味覺感受，有大半都是從成長背景裡培育而生的。

就像是無論新歌再怎麼好聽，每當青春時代聽的音樂一下，卻還是覺得那時的歌，比任何年代的，都更加饒富滋味。

07
日本的早餐

世界上大概沒有多少個小朋友，是每天都期待著一早起床這件事吧？因為一早起床就代表要去學校上課了，而上學永遠不會是大家最熱愛的選項。

不過，住在東京多年的我，其實很想告訴每個身在台灣的孩子，比起日本的小朋友來說，台灣的每一天早上，實在都太值得期待起床了。

原因很簡單，那就是起床以後，就能吃到各式各樣美味的早餐。

如果你是生為日本的小孩，那麼你將發現，日本早餐的選擇實在乏善可陳。相較之下，台灣早餐的選擇性真的好豐富。想想看你家附近，一條街幾個轉角，就有多少間類似美而美這樣的早餐店吧？現做的漢堡三明治是基本款，蛋餅、蘿蔔糕或炒麵也都能變出來。簡直就是早餐界的「萬能口袋」。傳統的蛋餅豆漿店也不少，從燒餅油條到饅頭小籠包，冷熱甜鹹豆漿到米漿，常令許多來台灣旅遊嘗試過的日本朋友，一吃，就再也回不去了。當然更別說還有捷運站附近的早餐推車，以及各種麵包店和便利商店，或是學校裡的營養早餐了。

日本的小朋友多半是在家裡吃早餐的。大部分的日本媽媽，結婚後會辭去工作在家，每天早上會為家人下廚做早飯。傳統的日式家庭早餐，基本上與一般的和食菜色相同，只是分量較少。白飯配味噌湯，煎顆蛋，幾樣小菜，配上早晨最常會出現在餐桌上的煎鮭魚。

對於很多台灣人而言，這樣的早餐似乎不太像是早餐？總覺得就是吃一頓比較輕量的中餐或晚餐吧。

近幾年，不少結婚後的女人仍選擇留在職場，於是早上的時間不多，就會以超市的麵包、三明治或穀片等西式早餐，取代現做的料理。

如果吃店裡買的早餐，除了上述的麵包類以外，大概最常見的，就只有便利商店的御飯糰了。在日本常會有人問，你的早餐是屬於「飯糰派」或是「麵包派」？可見大多數的日本人，早餐就是分成這兩大派系。但無論哪一派，看在我們的眼中，也就只是兩選一而已啊，實在太貧瘠。而且御飯糰冰冰涼涼的，偶爾一吃還行，吃久了，住在日本的台灣人，沒有人不想念台灣熱騰騰的飯糰。

日式早餐，除了飯菜類的「和定食」、麵包三明治及御飯糰之外，也有一群日本人支持就從口味極重的「咖哩飯」或「烏龍麵」揭開一天的序幕。我雖然愛吃咖哩飯和烏龍麵，但怎麼樣也不會想在剛起床就吃。不過後來想想，在台灣南部，似乎不少人的早餐是吃虱目魚湯或米粉湯，口味更重，於是，咖哩飯和烏龍麵也就小巫見大巫了。

日本沒有專門的早餐店現做三明治，不過，有一些一早就開始營業的咖啡館或喫茶店（老派日式咖啡館）也會現做三明治。雖然跟台灣的那種火腿蛋、鮪魚蛋的形式不同，但至少是熱騰騰的三明治。

在許多提供早餐的咖啡館當中，以名古屋發源的喫茶店文化最為有趣。早上到店裡只要點一杯咖啡，就會附送一片烤土司和一粒水煮蛋，相當划算。這樣的早餐菜色形式，以英文單字「早餐」為稱呼，被喚為「喫茶店MORNING」（喫茶店モーニング）。雖然依舊比不上台灣早餐的豐盛度，但可以用一杯咖啡的價格，就免費吃到美味的烤土司及水煮蛋，也是感覺有點幸福的。

前陣子，東京開了一間台式早餐店「東京豆漿生活」，算是第一間專賣蛋餅豆漿和油條的早餐專賣店，引起不少台灣人與熱愛台灣早餐的日本人矚目。可惜地點偏遠，不然更能造福許多住在日本，渴望早餐能夠經常換換口味的人。

討厭一早起床去上學嗎？如果我仍是個在台灣上學的孩子，我想，光是只為了早上能夠吃到多采多姿的美味早餐，即使沒那麼愛上學，一切都可以一筆勾銷了。

08

馬肉痠痛貼布

因為觀光客實在太愛買也太會買了，如今走進東京的藥妝店，幾乎在入口或結賬處最顯眼的地方，都會闢出一個海外旅客購物清單專區。那些網路上流傳著必買、推薦的單品，全都蒐集在這個架上了。你不必像以前那樣，得拿著手機截圖在藥妝店裡按圖索驥找藥品，也不用急著問店員，反正先找到這一個專櫃，十之八九，你要的東西都集中在這裡。

日本朋友跟我說，他雖然不是觀光客，但很喜歡到藥妝店時刻意繞去那一櫃海外專區瞧瞧。

「因為能發現很多我從來沒注意過的東西，獲得新知。」他笑著說。

我有很多日本朋友，真的不知道日本藥妝店「原來有這種東西」的存在，但那些東西對台灣遊客來說卻熟悉得有如黑松沙士。比方「休足時間」吧，公司裡的日本朋友，居然很多人都不知道是什麼。去問問愛到日本玩的台灣人，這玩意兒誰人不知曉呢？大概是一種基本到不知道就不該入境海關的程度。

外婆還在世時，每一次我媽來東京找我，總會去藥妝店從那個海外專區的架上，帶許多痠痛貼布回去給她。台灣雖然也有賣痠痛貼布，是日本授權品牌在地製造的，但大家總謠傳日本的成分不同，比較有效。受日本教育長大的外婆當然深信不疑，每貼一次，就稱讚一回，順便回憶一下她在日治時代的青春歲月。

她總是省著用，不捨得多貼，直到她去世了，房間裡還堆著許多沒拆封的貼布。後來，我媽將那些痠痛貼布拿回來用，每貼一次，就換成她回憶起外婆的往事。

有一次出差到熊本，與公司的社長和前輩在一間傳統居酒屋晚餐。他們點了一道當地的特產肉品。熊本的特產肉並不是熊肉，而是櫻肉。

櫻花的肉？別誤會，那其實是馬肉。從前日本人吃肉，習慣取以植物別稱。例如，山豬肉稱為「牡丹」，鹿肉稱為「紅葉」，馬肉則為「櫻」。原因據說出自於江戶時代，由於當時禁止吃肉，於是私下偷偷吃的人，就將動物名稱改為植物名，避免露餡。馬肉被喚作櫻，謠傳是因為剛切下來時顏色粉紅如櫻，且很快就會變褐色，有如櫻花凋謝的一眼瞬間。

馬肉我沒興趣，只看前輩們吃。前輩們一邊吃，一邊問我：「知道生馬肉除了吃以外，還有人拿來做什麼嗎？」我搖頭，前輩們回答我：「當痠痛貼布。」

我以為是開玩笑的，想不到確有此事。在痠痛貼布還不流行的那個年代，從前真的有很多日本人，會拿生馬肉當作貼布。有一段時間，運動員特別熱中。因為相傳生馬肉的成分，能夠散熱、消炎和減緩肌肉痠痛。甚至迄今仍有民間療法深信不疑。

「小時候，我父親身體虛弱，長輩們都說活不久。」年逾六十的社長一邊吃，一邊開啟往事的話匣子：「有一次他突然發高燒，怎麼樣都無法退燒，家裡的人說可能要有心理準備，時候到了。結果，我和哥哥衝去市場買了生馬肉回來，敷在他額頭和身上，說也奇怪，不久以後還真的退燒了。」

社長打趣地說，結果，父親長命得很，現在都已經九十多歲。除了記憶力退化以外，依舊頭好壯壯。反而是他的母親，完全沒預料地，在他十歲左右驟逝。馬肉貼布救了社長父親一命，但沒有救回他的母親。

所以馬肉貼布，到底是有效還是沒效呢？我在心底想著，沒問出口。倒是社長主動開口，一向樂觀卻也易感的他笑著結論：「所以馬肉貼布的成分真的有效。至少我父親被治好過，還延年益壽了。」

他喝了幾口酒，臉頰和眼眶都紅潤起來。往事是一片痠痛貼布。馬肉也是。有些痛被治癒了，有些則被貼起來，表面看不見，卻留在心底，淡淡的酸楚。

話題轉換了，我靜靜地，替社長又斟了一杯酒。

09
一人前

來日本玩的朋友去餐廳吃飯時，常常一不小心就會落入菜單的「陷阱」裡。

在好幾間餐廳門口猶豫不決，翻著菜單，看著入口看板上那些垂涎欲滴的佳肴照片，令人難以抉擇。除了在想該吃什麼好以外，身為旅人，更現實的就是不免得要衡量預算。

好不容易終於決定了，走進餐廳點菜時卻赫然發現價錢有所落差。比如，跟朋友吃一份海鮮火鍋套餐，明明海報和餐單上寫的是三千日幣，結果卻變成六千日幣。原來，三千指的是一人份的價錢，而且必須兩人同時點餐才行。

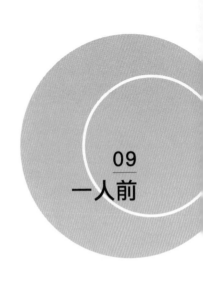

不懂日文的朋友，很少會注意到在日本的菜單海報上，大剌剌的價格數字旁，經常還會標上一行字級較小的說明：一人前。

什麼是「一人前」呢？一人前就是一個人的價格。對於不懂日文的人來說，這個菜單的「陷阱」尤以鍋類料理最多。台灣人吃火鍋，多半理解的是以鍋為單位算錢，可是日本卻習慣只標出一個人的價格，然後在級數很大的價格數字後，再用級數很小的字，補充寫道「一人前」。換句話說，如果你有兩個人就是兩倍價錢，三個人就是三倍價錢，依此類推。

於是，就常常聽到朋友們在我面前哀嚎著，心痛吃完了一餐。

之所以會有這樣的標價習慣，一來是心理作用上看起來會便宜些，二來是日本人結帳時習慣請店員平分結帳，直接寫出一人多少錢，一目了然。

我始終覺得「一人前」這個詞很有意思。如果是放在餐廳或食物上使用時，一人前就是一人份的意思，但一人前同時又有「成人」的含義。可不是所有的成人都適用這個詞，而是專指可獨立自主的成人。最常聽到的就是鼓勵年輕人要成為「一人前的人」了，千萬別誤解是要你吃飯都找可點一人份的地方啊，而是要你變成一個能自立自強，擁有自我判斷能力的成人。形容一個男人很有擔當時，也常會聽到人家說「一人前的男」作為讚賞。

不僅如此，「一人前」還有第三個意思，指的是具備特殊專業能力、學問、技藝或資質的人，並在一定的水準之上，那麼就會稱他一人前的廚師、一人前的醫師……。

同樣一個詞，用在不同的前後文環境，意思也就不同，完全展現出日語使用的曖昧性。而一個看似強調團體精神的民族，其實又在意著、分割出一個人的存在感，又是一種矛盾的性格。

可是我常常在想，人為什麼要活在那麼「社會化」的思維之中呢？也許有人天生就是無法獨立自主，難以自立自強的吧？難道非得強迫自己擁有什麼超群的技藝，才有資格稱為一個「成人」嗎？

承認自己的弱點，有時候比故作堅強來得更需要勇氣。什麼都能獨當一面，任何事都能自己完成的人，最後總會讓周圍的人誤解，你不需要其他人。

一人前的人，就是站在大家最前面的那個人。比別人走得更快、更好、更前面了，但也有永遠都是一人在前的孤獨。要是衝過頭了，從獨當一面變成一意孤行時，有一天或許會發現，眾人轉身向後走，你就從領先變成了落單在後。

10 湯湯水水的冬天

在日本住了這麼久，對於這裡彷彿永遠吃不盡的美食雖然充滿敬意，但唯有吃早餐和喝湯這兩件事，仍不是非常滿足。想吃熱騰騰的早餐的話，選擇太少；而端上桌的湯，基本上多以味噌湯和豚汁為主，不然就是西式的各式濃湯或洋蔥湯了。仔細想想，在和食的世界中，日常生活的飲食習慣裡，似乎還真不太有華人世界那樣煲一大鍋湯的習慣。真要一大鍋的，就是火鍋了，但那又跟湯不太一樣。在台灣的話，湯的選擇就非常多。粵菜更不得了，光是湯的種類和功效，就可以繁花盛錦到辦一場煲湯奧運會。

住在台灣的時候，曾經有好一段時日，中午會在張曼娟老師的家裡吃午飯。老師的爸媽廚藝很好，幾乎每天中午餐桌上出現的大陣仗，都像一般人家裡的晚餐。無論那一天的菜色有哪些，總不會缺漏的，就是一鍋湯。我是在那時候養成吃飯就要喝湯的習慣。那些一鍋鍋變幻無窮的湯，每一次掀開鍋蓋，就像迸出一個滋養豐富的宇宙。吃飯前先喝半碗，吃完飯後再喝一、兩碗，不知不覺，就變成身體認知吃一頓飯的正常程序。以至於後來要是吃飯時少了湯，總覺得怪。

在日本吃飯時雖然至少也有味噌湯和西式濃湯，但每逢冬日，經常仍會想要喝一鍋食材更豐盛，對身體更養生的湯。最近這兩年，會去買「茅乃舍」的高湯包，一個砂鍋丟一包，再把各種蔬菜肉類加進去，大概是最簡單煮一鍋湯的方式。因為高湯味道好，湯隨便煮也就好喝。雖然實在不知該稱那是什麼湯，因為簡直是大雜燴，姑且美其名就稱它什錦湯了。

去韓國玩的時候，對他們的湯類文化也感到印象深刻。大概因為冬天比日本冷上好多倍，許多食物都是湯湯水水的，寒冬時吃起來特別有助於暖身。每年冬天，習慣要去新宿新大久保的韓國街，吃幾回馬鈴薯排骨鍋。燉到入口即化的排骨肉，配上濃郁的湯頭，很過癮。吃完再到專賣韓國食材的店家買蔘雞湯包回家。放進砂鍋，加些蔬菜一起煮，一次吃不完，第二回再熬成粥吃。

之前去香港時，在市場買了幾袋猴頭菇煲湯包乾材回東京。前幾天，終於決定拆封來煮。添加些薑片、洋蔥、白菜和雞肉丸子，用砂鍋慢火熬煮兩小時大功告成。香港餐廳裡鮮美的每日例湯在家中還原，香醇甘美，靈魂都被擁抱。手足易寒的我，暫時獲得拯救。

朋友聽說我身子虛寒，這兩天為我煮了一盅麻油雞湯。帶回家加進麵線，成為一碗從舌尖暖到身體的麻油雞麵。抱著感恩之情完食，又想起十多年前在曼娟老師家喝湯的日子，深深覺得有人為你煮湯，真是一件比湯更暖的事。

在這湯湯水水的冬天，忽然覺得有朝一日，很想成為一鍋熱熱的煲湯。那樣的存在，可使自己夠暖，也能溫暖別人。

11
失寵的和菓子

日本的四季遞嬗向來清晰分明，而日本人對於季節更迭所滋生的情懷，總喜歡體現在食物之上。那其中，又以「和菓子」最具有代表性。

和菓子，傳統日式甜點。春夏秋冬，在不同的季節踏進和菓子店舖，都能感受到迥然不同的氣氛。店內除了全年都會販售的招牌甜點以外，最醒目的部分，必定是會有符合當旬時令的店內擺飾，以及期間限定販售的和菓子。

例如，春天就是櫻餅，還有各式以櫻花盛開為主題的甜品，色調一片粉紅；夏天，從端午節句為首，會看見各種以「鯉魚飄」為意象的甜點，還有對日本人來說，只要是夏天就會聯想到的金魚、西瓜與花火圖騰的和菓子。秋天，當然就是紅葉了，還有中秋賞月與白兔；至於冬天，和菓子色調偏白，因為是雪的季節。

日本人早就不過農曆年了，但從前受到中國曆法影響而成形的「節氣」概念，迄今仍深入日常生活。不是所有跟吃有關的商家都在意這件事，但肯定不會有任何一間和菓子店舖，不遵照四季節氣的步伐來走。

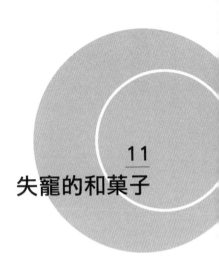

喜歡在東京閒晃散步，經常會路過許多在街頭巷尾，或是百貨地下街的和菓子店鋪，不自覺得就會留心和菓子店裡，此時此刻呈現出來的季節改變。

我不是經常會去買和菓子的人，但無論如何總會在每一個新的季節來臨之際，習慣踏進和菓子店裡，挑一兩個當季才有的甜品來吃吃。已成為久居日本的習慣了，像是以味蕾開啟時節的某種儀式。

和菓子是一種「五感」藝術的呈現。視覺、味覺、嗅覺、觸覺和聽覺。前四項都可以理解，但哪來的聽覺呢？難不成日本人做出來和菓子，也跟主人一樣講禮貌，會跟你說：「初次見面，請多多指教」嗎？當然不是。所謂和菓子的「聽覺」指的是和菓子的取名都很典雅，發音也講究音律，因為許多和菓子的名稱，是從文學和歌、俳句、節氣名，或是地緣名勝地而來。

最近聽到一個消息，說近年來，新一輩的日本人，有愈來愈不愛吃和菓子的趨勢。曾經有媒體針對十歲至五十歲世代做過調查，三十至四十歲世代的日本人，回答「喜歡和菓子」的人，不到問卷受訪人數的一成。

幼稚園的兒童沒吃過和菓子的比例也愈來愈高，因為年輕的爸媽本身也就已經不吃。伊勢丹百貨曾經進到幼稚園做過試吃活動，發現幼稚園裡有超過半數孩童，從未吃過羊羹。

位於滋賀縣大津市的「叶匠壽庵」是日本知名的和菓子老舖，全國約有八十多間分店，幾乎所有百貨公司都能見到專櫃。三代目社長芝田冬樹也曾表示，他確實對日本和菓子的未來，保持著危機感。不僅是買來吃的人愈來愈少了，就連想要從事和菓子製作的年輕人也大量減少。同樣都是甜點領域，年輕人更想成為洋菓子師傅，尤其是製作法式甜點，感覺很時尚。因此，今後該如何延續傳統技藝的傳承，彷彿也成為他的使命。

問身邊的日本朋友，從二十歲到三十歲的都有，確實喜歡吃和菓子的人少之又少。但是，這些人卻經常會跑去百貨地下街買蛋糕吃，也會在假日，為了想吃某家咖啡店的甜點而特地跑一趟。

日本朋友不吃和菓子的原因，其實還滿令我意外的。至少有兩、三個人都告訴我：「不愛吃紅豆泥。」其中還有一個人，是出身於和菓子重鎮的京都。

我是愛豆沙的，覺得那是世界上的食物中，最神祕的發明之一，從前沒想過原來有人並不愛。可見再怎麼以為會是人人討喜的，總還是會樹立敵人，即使自己也沒討厭誰。

至於我明明喜歡和菓子店的氣氛，又會被和菓子精湛的外觀而感到震懾，卻為什麼不常吃呢？其實，相信很多台灣人的答案都會跟我一樣。

那就是，和菓子真的——太、甜、了。

是的，大部分的和菓子都讓人覺得過甜。搭配日本茶，偶爾吃一個剛好，吃多了或常吃就覺得有負擔。

再者是因為真正做得精緻且品牌有名的和菓子，價格都不便宜。自己老是吃那麼好的東西，值得嗎？被可愛漂亮的外形給吸引了，忍不住想掏錢，卻又猶豫。

人類的意志力，我想，就是用在這種購物的關鍵時刻吧。雖然會說應該要犒賞辛勞的自己，但其實自己天天都很辛勞。這裡放水了，想必其他的地方也會跟著潰堤。最後就會搞成，天天都在犒賞自己。那可不行。

於是後來，找到了一個折衷之道。

喜歡去逛和菓子店的我，自己雖然不常吃，但會在某些重要時分，買來當作禮品送給重要的人士。和菓子送禮體面，收到的人看見那麼美的東西也會開心。更重要的是，送出的那些和菓子，是帶著人間溫度的掌心捏製而成的。依循季節而生的和菓子，更飽滿著濃郁的時間感。

有時，有人，有相會。

和菓子捏出了一個季節，也捏合出與人共處當下的，甘美的緣。

12

遠離味噌湯和御飯糰

有時不免會想，人類適應環境而擁有自動切換的能力，實在神奇。

比方說我已經習慣了，只要在日本吃飯時，要是桌上沒有附上一碗味噌湯，便會覺得這頓飯少了些什麼，可是，一旦回到台灣，吃飯時卻又不會特別想到一定要配味噌湯。身體彷彿就像是智慧型手機，在不同時區的國家會自動抓到當地時間那樣，對於飲食習慣有一種自動切換的能力。

我喜歡味噌湯，曾經說過，最喜歡在以海產為主的居酒屋，喝老闆煮的味噌湯。因為他們懂料理魚，因此也會善用魚肉魚骨烹煮出鮮美的湯。平常在家自己煮飯時也會喝味噌湯，只不過為了省事，喝的是沖泡式的即席味噌湯。日本的即席味噌湯愈做愈好，沖泡出來的口感也相當美味，湯裡的食材吃起來，一點也不覺得是乾燥過的東西。

遇見過幾個歐美和中國大陸的朋友，他們不愛味噌湯。起初以為是飲食習慣，覺得台灣受到日本文化影響較深，對味噌湯的接受度也高吧？但後來發現，我的小外甥女也不怎麼愛。大家共同的理由都是：「太鹹了！」

外國人嫌味噌湯鹹，倒也可以理解，但連日本人都不太能接受味噌湯，實屬奇聞。我不知道到底是我身邊的日本人都比較怪，還是因為物以類聚，我才會認識他們，在我身邊至少有三個日本朋友，都不愛喝味噌湯。

味噌湯不是日本家庭的傳統食物嗎？居然會有討厭喝的日本人？

「誰說日本人就一定愛喝味噌湯的？」他們反問我。

確實如此。就像也有不愛吃和菓子的日本人一樣。

最近看到一則新聞，更印證了這件事情。《產經新聞》報導，日本人有「遠離味噌湯」的趨勢。本來味噌湯應該是日本家庭必備的食物，但根據日本總務省統計，日本家庭購入味噌的量，從一九七〇年代每年每戶家庭約一二．六公斤開始一路下滑，三十年來掉了一半，到去年，每年每戶家庭只有五公斤左右。

他們又在街頭調查，以二十歲世代為中心，發現特別是年輕人都不愛喝味噌湯，一、兩個月連一次味噌湯也沒喝的人，大有人在。問他們不喜歡味噌湯嗎？倒也不是。只是說，沒有喝到也無所謂。

日本年輕人遠離味噌湯，一來是飲食習慣改變了口味，二來是健康意識崛起。味噌湯的鹽分過高是事實，再加上日本媒體近年來不斷宣傳「低糖減鹽」的效應中，不吃太甜、太鹹的食物彷彿蔚為一股風潮。

同樣被視為日本傳統食物的御飯糰，最近居然也面臨失寵的危機。主要原因是最近幾年，爆出了不少樁飯糰食物中毒的事件。例如，熊本大地震那一年，避難所就曾發生過集體食物中毒，原因就是出自於手工御飯糰。引起食物中毒的飯糰，不是便利商店賣的那種用機器包製的御飯糰，而是用手工捏製的傳統飯糰。

東京都福祉保健局說，因為手上殘存的細菌可能產生黃色葡萄球菌，是會讓人食物中毒的腸毒素，即使加溫一百度長達三十分鐘，也不會破壞它的傳染力。如果捏飯糰的人沒有注意衛生，或飯糰沒有低溫保存就很可能吃壞肚子。光是二〇一六年，因為葡萄球菌感染而食物中毒的案件（不限於飯糰），就高達六百九十八人。

受到這些新聞的影響，開始有不少人對於在外面賣的，陌生人手捏的飯糰產生懷疑。有一群日本年輕人若買飯糰，只會選擇便利商店賣的才吃。像我們這些外國人，常常掛在嘴邊說，覺得要吃親手捏出來的手工飯糰，才能吃到日本職人的心意啦、手感的溫度啦，老實說他們並不在乎。

但我以為，日本年輕人之所以對於陌生人的手捏飯糰開始感到介意，其實跟整個日本社會裡年輕人性格的改變有很大關係。習慣網路世界的自在以後，對於面對面的人際關係，甚至身體接觸，都可能漸漸產生不安與潔癖。況且，這民族向來就是在乎人與人之間的恰當距離，只是在某些人身上又變本加厲而已。

這讓我想起我的一個台灣朋友，去年冬天認識了新的男友，是個日本人。好不容易等到今年春天可以一起去賞櫻時，朋友興致勃勃地為男友捏了一盒御飯糰去野餐，怎料打開飯盒的剎那，日本男友不是稱讚，卻是很認真地問他：「你捏飯糰的時候，有戴手套嗎？」一瞬間澆熄他的愛意與熱情。

那一天，他們兩個人還是把那盒飯糰給吃完了。只不過，他們吃的看似是飯糰，各自吞下的卻是憤怒與不安。

櫻花凋謝了，他們的戀情也走向尾聲。雖然，讓他們分手的真正原因是性格差異，而不是一粒飯糰。

其實，手捏飯糰的風險跟是不是陌生人捏的，並無直接關係。只要是衛生條件出了狀況，就算是你熟悉的親人或情人，也可能讓你中毒。

因為喜歡一個人而親手為對方捏出飯糰，是充滿愛的，只是誰又能料到可能帶來食物中毒的危險呢？果然啊，愛是蜜糖也是毒。

13

日本珍珠奶茶風潮

許多年前曾經聽過一些朋友們說，來日本旅遊時，從不蒐集任何的美食推薦。他們偏好穿梭在大街小巷，看見有很多當地人而非觀光客在排隊的小店，就會跟著尾隨在後，認為那些肯定是受到在地人青睞，非常道地的美食。這說法雖非全然準確，但或許也有幾分正確。然而，最近幾年，如果你是來自於華人地區的遊客，想用這道排隊法則尋覓日本風味，那麼你可能會有點失落。並不是東西不夠美味，而是你會發現那些大排長龍的店家，可能是來自於台灣的店。其中一個最熱門的類型，就是對我們來說再日常不過的珍珠奶茶與手搖杯店。

全日本珍奶（珍珠奶茶）熱潮方興未艾。截至二〇一九年四月為止，光只是在東京，珍奶專賣店就超過二十個品牌在競爭，旗下的店舖數不計其數，幾乎每幾個月就有新店家開幕。這還不包括並非珍奶店卻也趕搭熱潮的店家，如Mister Donut甜甜圈店、日本溫蒂漢堡或Tully's連鎖咖啡店。日本人現在到底有多愛喝珍奶呢？倘若在網路上搜尋連假或週末的餐飲好去處時，介紹人氣珍奶店的相關紀事總是不缺，儼然已等同於熱門景點。

這不是日本人第一次瘋珍珠奶茶。日本的珍珠奶茶風潮，大致上被視為三波。第一波風潮起於一九八〇年代初期。當年珍珠奶茶的「珍珠」首次輸入日本販售，衝擊了日本人的飲食經驗。當時輸入的是小珍珠，也就是「粉圓」。對日本人來說，成堆粉圓看起來就像卵似的，口感吃起來接近和菓子蕨餅或葛餅但又不是。與其說好吃與否，引起更多的反應是「奇特」。當年多在如横濱中華街這樣的中國菜餐廳販售。奶茶的形象薄弱，主要是將粉圓放在各種口味的果汁或椰奶裡，跟台灣賣的珍奶相差頗大。

第二波珍奶風潮約在一九九〇年代後期。這一次與台灣「間接」相關。因為赴台灣旅行的日本人增加之故，日本人重新認識了珍珠奶茶。有日本業者將珍奶的概念帶回去，開始在便利商店銷售瓶裝珍奶，但沒有特別標榜台灣飲食。這一回不用椰奶，確實使用奶茶，只是材料與製作方式仍不到位，珍珠吃起來卻像果凍，令多數到過台灣，真正飲過珍奶的日本人都不買帳。

第三波也就是當下這一次，可謂將日本珍奶熱潮推向顛峰，被日媒稱為珍珠奶茶的「大爆發」時代。點燃這一波熱潮的關鍵點，來自於台灣「春水堂」在二〇一三年揮軍國際，跨出海外到日本展店。

打著台灣珍珠奶茶發源地與創始店的春水堂，光是在珍奶的純正血統上就贏了一半，獲得日本人的認證與注目。在這之後，短短五年間包括茶湯會（日本名為**TPTEA**）、貢茶、CoCo都可、The Alley、日出茶太、50嵐（日本名為KOI Thé）、一芳……有販售珍奶的台灣手搖杯店如雨後春筍般出現。此外還有不少店家是純日資的，同樣也打著「台灣風」（台式風格之意）珍奶的名義開店。

為什麼忽然間日本又興起珍珠奶茶風潮呢？首先，與日本人的旅遊偏好轉向台灣有絕對的關係。東日本大地震以後，鉅額捐款的台灣在日本的能見度倍數成長，進而吸引跨世代的日本人開始前往台灣旅遊。根據日本旅行協會調查，日本人海外出遊目的地排行榜，長年以來都是夏威夷獨占第一名。二〇一五年，台灣首次打敗夏威夷榮登榜首，稱霸迄今。日本人對台灣的好感度大增，對於台灣美食的熟悉與想念，促成了他們渴望在日本當地，就能吃到台灣甜點如芒果刨冰和珍珠奶茶。台灣旅遊的熱潮，推波助瀾了珍奶的風行。

第二個原因，與過去兩次風潮最大的不同，第三波珍奶風潮在飲料本身的品質大有提升。不似之前日本販售的珍奶總給人假貨之感，這一次從台灣跨海而來的珍奶，算是百分百原味呈現。從珍珠的口感，到茶葉、砂糖與牛奶的品質，對於吃很講究的日本人而言，都達到了高標準等級。日本人本來就愛喝茶，對於台灣、福建產的茶始終熟悉。春水堂進駐之前，在日本喝不到以真正沖茶方式製作的珍奶。春水堂刷新珍奶形象，讓日本人認為一間賣茶的專賣店來賣珍奶，水準必定不差。況且像是春水堂、貢茶的茶葉種類還能選擇，更增添了他們的興趣。

第三個原因是市場行銷的在地化。仍以帶領起這波風潮的春水堂為例，春水堂並非直接在日本投資展店，而是將商標、開店概念與製作技術，授權給日本在地的公司OASYS LIFE STYLE GROUP來經營。OASYS原本是一間從事關於供水設備、水管與配線的公司，後來成立OASYS Tea Lounge及OASYS Tea Stand開始投資並經營春水堂與茶湯會。由日本在地公司經營的形式，更能掌握市場風向，針對媒體及當地顧客需求的不同，懂得調整行銷方式。例如，選擇有效曝光的媒體，以及時常推出擄獲日本消費者的期間限定季節口味。

其後進駐日本的貢茶，基本上也依循此一方式。社長葛目良輔累積著過去在日本麥當勞、星巴克工作的豐富經驗，對於餐飲行銷同樣熟練，快速打進了日本市場。有趣的是，日本貢茶的資金其實已與台灣無關，早被韓國貢茶收購。但是日本人對韓國有著政治因素的排斥，因此貢茶在日本依然打著「台灣誕生」的名號，極力淡化韓國色彩。迄今很多日本人都還不知道，日本貢茶總公司已是韓資企業。

春水堂設點過程，從代官山開始，到六本木、表參道等地即可得知，珍奶的定位被提升出了高級感。這些台灣／台式飲料店，地點是潮流的，氣氛是高級的，價錢卻是便宜的。更重要的是還符合時代——視覺感美好的食物與店家裝潢非常適合拍照上傳到Instagram，知名度迅速散布。

在這些飲料店門外大排長龍的顧客，除了日本人以外，也有不少旅居在日本工作和留學的華人來一解思鄉之渴。一杯飲料通吃兩大客層，怎麼看都是門好生意。

在咖啡市場已趨飽和的日本，這些帶著新鮮感的飲料店一一現身，轉移並吸引消費者的目光，得以成功卡位。咖啡就是飲料，但珍奶除了是飲料，對於日本人來說同時也被當作甜點看待，獲得眾多女性消費者的支持。

只是，他們真的還不知道一杯珍奶的熱量與糖分是多麼驚人吧？根據Taiwan Nutrition調查，一杯七百CC全糖珍珠奶茶的糖分等於吃下十二粒方糖，熱量就有七一〇卡。以為少糖會好很多嗎？少糖也有六五〇卡。至於微糖和無糖，只不過差六十卡，分別是五七〇卡和五一〇卡，一杯珍奶就是一餐的熱量。

不少日本女生都說，比起一杯擠滿奶油的Frappuccino和一大塊蛋糕來說，喝一杯珍奶即可同時滿足飲料和甜點的渴求，心理上的罪惡感比較沒那麼重。

然而，當她們經常進出這些台灣的手搖杯店，人手一杯，開心地邊喝邊說好想再去台灣玩時，身為台灣人的我，不知怎麼，卻有著深深的罪惡感。

14

日本人最愛的十樣台灣飲食

日本人赴台灣旅行的熱潮方興未艾，帶動了台灣飲食在日本的認知度。從日本人最愛的台灣食物珍珠奶茶、小籠包和芒果刨冰開始，近年來，有愈來愈多的台灣美食，逐漸深入日本日常生活。不僅有台灣品牌直接赴日展店，也有不少在日台灣人，或是與台灣有關係的日本人開設專賣店，甚至，連便利商店推出的便當，都常出現打著台灣美食的菜色。

日本人到底最愛哪些台灣飲食呢？哪些東西讓去過台灣的日本人，吃到就覺得懷念？又或者，哪些東西讓還未去過台灣的日本人，藉著唇齒美味想像台灣？

（1）珍珠奶茶

近十多年來，所有從台灣發跡的飲食中，在日本「扎根」最早、最廣的，當屬珍珠奶茶無誤。早期只有在橫濱中華街會賣，但口味都非常不道地，直到近年來出現專業的飲料吧，才讓日本人在國內喝到正宗口味。台灣「春水堂」在東京展店後，將日本珍珠奶茶熱潮推到新一波巔峰，同時在強大的廣告公關與網路傳布中，可說讓日本人正式將珍珠奶茶與台灣畫上等號。春水堂開店地點多選在代官山、表參道、新宿等熱門地段，一來是奠定品牌形象，再者也匯聚大量人潮，總是大排長龍。

（2）小籠包

如果說日本人一想到台灣的飲料是珍珠奶茶的話，那麼一說到台灣美食，最先會冒出來的詞彙就是小籠包。一切都得感謝鼎泰豐。說起來台灣真是夠強的，因為鼎泰豐其實算上海美食，小籠包也不是台灣的傳統小吃，但全世界把小籠包給賣出名的，就是台灣的鼎泰豐。鼎泰豐在日本聲名遠播，成為日本人赴台旅遊時必吃的餐廳。有多重要呢？大概就是如果日本人去台灣玩，回國後跟人說他沒吃過鼎泰豐的小籠包，會讓其他人覺得這人白去了台灣。鼎泰豐在日本有很多分店，總是門庭若市，但吃過的日本人都會異口同聲表示：「還是台灣的好吃！」

（3）芒果雪花冰

日本人到台北，絕對要吃的甜點之一就是芒果雪花冰。芒果屬熱帶水果，在溫帶日本少見。又大又甜的愛文芒果，只有在日本的高級超市才能看到，而且價錢都要超過五、六千日幣，甚至上萬圓。至於刨冰，日本雖然也有，但雪花冰則是從台灣發揚光大的。因此要能在日本吃上一碗芒果雪花冰，是許多熱愛台灣旅遊的日人一大夢想。在永康街發跡的「冰館」後來搬遷更名為「Ice Monster」，本來就是日本人遊台必去店家，前兩年也進攻了日本。表參道總店在夏天時，排隊得排一個多小時，仍不滅大家非吃到不可的決心。

（4）土鳳梨酥

鳳梨酥就是日本人心中最基本的台灣伴手禮，近年來因為「微熱山丘」興起，讓鳳梨酥的口感與形象翻轉，此後日本人到台灣買鳳梨酥，指定要「土鳳梨酥」的比例愈來愈高。台中發跡的「微熱山丘」以英文店名「Sunny Hills」進攻日本，走精品甜點店路線，進駐品牌林立的東京青山地區，並聘請建築師隈研吾操刀設計店面，嶄新搶眼的建築外觀，賣的是台灣點心，引起日本傳媒很大的話題。在這麼高級的店裡，還可坐下來免費試吃並奉茶，如此大方，嚇壞不少日本人，直呼不可思議：「真的不用付錢嗎？」最後因為忐忑不安，大家都買了一盒才離開。

（5）豆花

豆花是台灣國民小吃，但對日本人來說，這玩意兒喜歡不喜歡，似乎分成極端的兩派。喜歡的人就跟台灣人一樣，百吃不厭；不喜歡的人則覺得吃豆花，像是把豆腐丟進糖水裡吃，口感經驗上很不習慣。東京原本標榜賣豆花的餐廳，吃起來會讓豆花迷的頭上浮

上的大篇幅，為台灣的早餐製作特輯。在這些台灣早餐中，凡是到台灣吃過的日本人，最愛的就是蛋餅油條。油條搭配豆漿吃，對日本人來說是很新鮮的口感。但很多人也表示，油條太油，吃過一次就行。略勝一籌的是蛋餅。日本人愛吃蛋餅，愛吃到就連某些在東京的台灣餐廳，明明不是賣早餐的店，也會在菜單上出現蛋餅這道菜。在東京，現炸的油條幾乎沒辦法吃到，至於蛋餅則可以在華人開的超市裡買到冷凍蛋餅皮，成為許多哈台族家中冰箱的常備品。

（8）胡椒餅

以前不知道日本人愛吃胡椒餅，後來發現身邊的日本人幾乎到台灣玩，都指定要吃，才知道日本導遊書上都會介紹。根據周圍的日本人做過田野調查，他們紛紛表示：「胡椒餅的味道，是我們未曾有過的食物經驗。」未曾有過的食物經驗可能無法接受，但胡椒餅命好，生下來恰好就是被日本人疼愛的那一種。在日本吃不到胡椒餅，也沒有類似口感的食物，只要去到台灣吃過的日本人，都對胡椒餅魂縈夢牽。

（9）麵線

能說出「我最愛的台灣小吃是麵線！而且一定要撒上香菜！」這句話的日本人，我想，那就是進階到高段班殿堂的哈台族了。首先麵線的味道，也是屬於日本食物裡沒有的口感經驗，並不是所有日本人都能接受。再者是香菜，雖然這幾年來日本忽然興起吃香菜的熱潮，但大抵來說多數日本人仍不敢入口。麵線不算是日本人遊台必吃小吃的選項，但正因如此，愛上麵線的人，在一群愛台日人的眼中，彷彿就有種「你真的很愛台灣」超融入當地的形象。東京新橋近來開了一間「台灣麵線」，更將麵線推舉為台灣代表性食物之一。

（10）台灣啤酒

最後是台灣啤酒。眾所皆知日本人愛喝啤酒，進到餐廳不管吃什麼料理，都想配杯啤酒。台灣啤酒對日本人來說有種特別的清香味，比起日本的啤酒順口。現在在日本的台灣餐廳，多半也能喝到台灣啤酒，算是一解哈台族的「思鄉」之苦。前兩年推出的芒果啤酒，一時之間在日本網路社群上討論熱烈，但喝過的人皆表示，味道微妙，還是原版的好。

15 在東京吃台菜

剛搬來東京時，認識幾個熱愛台灣的日本長輩，每次約見面吃飯，他們總會刻意挑選有賣台灣菜的中國菜餐廳。長輩們貼心地說，因為覺得我會想家，所以約個吃得到家鄉菜的地方，安撫我的思鄉之情。

可是，其實真正想吃台菜的人根本不是我，是他們。坦白說當時的我沒怎麼思鄉。因為光是想要感受日本的一切，就已經覺得時間快要來不及。

每一回，我們在不同的中菜館，日本長輩總是配著啤酒，一口接一口，稱讚台菜多美味，吃得好開心。然而，我是清楚的。我很清楚，那些他們所謂的「台菜」雖然吃起來確實不差，但，它們並非是真正的台菜。倘若你生長在台灣，大半輩子都在台灣度過，那麼只要你拿起筷子吃一口，我想，你就能立刻知曉那種微妙的毫釐之差。

十多年前的日本是這樣的。以東京為例，那時候在日本的台菜，沒有自己的舞台，只像是跑龍套的串場小角色。鮮少有標榜台菜的專門店，台菜多半是被歸類於「中華料理」的派系下。即使有，招牌寫著「台灣料理」或帶入台灣地名，但是口味能夠做到道地的可謂是鳳毛麟角。

在這些餐館中，偶爾會見到菜單上出現幾道台灣菜，例如台灣空心菜、新竹米粉、台灣客家小炒等等。只是掌廚的人多半都是大陸人，很多人根本沒去過台灣；而有些的確是台灣人，但已經離開台灣太久，或是由第二代歸化成日本籍的子女所經營，料理的味道和做法，與當今的台菜口感已有落差。

台菜在日本的角色，最「傳奇」的一種，是無中生有的台菜。例如在愛知縣長年流傳的各種台灣料理，其實都是日本人自己改良創造的。最知名的當屬「台灣拉麵」（台灣ラーメン）及「台灣拌麵」（台灣まぜそば），從菜色名稱到使用的調味、烹煮的方式與口感，在台灣都不存在。

聽說從前有不少愛知縣名古屋人到台灣旅遊時，想品嘗正宗的台灣拉麵與拌麵，卻發現根本沒有，頓時感覺自己的成長被挖空一部分，大受震撼，內心空虛不已。

所幸這十年來，台日交流愈來愈密切。隨著日本人旅遊台灣的熱潮，台灣在日本的能見度大幅提升，而台菜的正宗美味，也終於得以扶正且廣為流傳。台灣料理，於是漸漸有脫離中菜餐廳體系的趨勢，在料理的類別中，開始獨當一面。

十幾二十年前，在東京少數標榜台灣料理餐廳的店家裡，以一九五五年創業，迄今已有六十年歷史的「麗鄉　澀谷店」為重要的代表。對於許多中年以上的東京人來說，麗鄉在今日仍是相當知名，老字號的台灣料理店。

喜歡台菜的日本人，到麗鄉澀谷店是為了吃台式香腸和肉圓。這是麗鄉的獨特之處。因為即使現在新開的台菜店，幾乎也沒有人在賣肉圓。

賣香腸已經很難得，賣肉圓就真的非常稀奇了。曾經被日本朋友拉著，陪他去麗鄉吃過一次，縱使他讚不絕口肉圓的滋味和口感，可是，我咀嚼在口中，仍點滴在心頭。朋友問我怎麼樣？道地嗎？我委婉地說：「我想他們已經努力了。有機會請去台灣吃吃看，正宗的肉圓吧！」

早期像是麗鄉這樣建立起口碑的台菜館，都不是出自於台灣的品牌，而是由長年居住在日本當地的台灣人創業或擔任主廚。對喜歡台灣文化的日本人而言，總還是更期待心儀的台灣餐廳，能夠直接到日本開店。

一九九六年台灣「鼎泰豐」進駐日本，算是誕生於台灣品牌的餐廳，直接來到日本展店最關鍵也最成功的典範。雖然小籠包的身世源自於上海，但如今日本人一提起小籠包，就是和鼎泰豐畫上等號。在日本人心中，小籠包早已是個台灣人。

除了鼎泰豐之外，早期「鬍鬚張滷肉飯」也曾在日本開店。光是在東京就有新宿、六本木、澀谷等多家分店。現在已全面撤退，只剩下石川縣仍有店面。可惜當年日本人對滷肉飯還不熟悉，如今，滷肉飯的名聲不可同日而語。如果搭上現在這波台灣熱潮捲土重來，說不定有大鳴大放的可能。

這十年來，到日本展店的台灣餐廳愈來愈多。有同樣賣小籠包的「京鼎樓」，有賣牛肉麵的「三商巧福」，也有「春水堂」裡賣的台式炸醬麵與肉粽。

有人說鼎泰豐是上海菜，不是台菜，姑且不論「台菜」的嚴密定義究竟為何，若以「台灣美食」來廣納百川的話，在日本能夠吃到台灣餐廳的美食，機會已愈來愈多。然而，台灣有太多好吃的東西，其實並不在台菜館，而是存在於路邊攤小吃與夜市裡。

台灣餐廳雖然增加了，但是令日本遊客魂縈夢牽的夜市和攤販小吃，在日本還是不容易吃到。過去在秋葉原和高田馬場曾有炸雞排店，可惜都倒了。如今在淺草寺附近還有一家，是熱愛台灣的日本人所開設的炸雞排店，成為了網路上口耳相傳的台灣小吃熱搜店。

近來在台灣熱潮的帶動下，日本人對於台灣料理的認知範圍逐漸擴大。在日本出現的台灣美食，從餐廳裡的「大菜」拓展到路邊攤小吃。炸雞排是一個例子，滷肉飯和麵線更是。

滷肉飯的知名度比較大，以前常遇到日本朋友問我：「台灣人在家會自己做小籠包嗎？」現在則變成：「你們在家都吃滷肉飯嗎？好羨慕！」滷肉飯對所有日本哈台族來說，都是天菜。這幾年日本的台灣料理店多以滷肉飯為主打，連台北的豆花店「騷豆花」到新宿開店，都賣起台灣店內沒賣的滷肉飯。

而麵線尚屬小眾。凡是能夠知道並且喜歡上台灣麵線的日本旅人，就稱得上是升級進階版的哈台族。這幾年，首都圈內有幾間麵線專門店的問世，將台菜推上另一個新階段。

靠近東京都邊界，位於神奈川縣的二子新地車站附近有一間名為「麵線屋formosa」

的台灣料理店，從這間店，可以完全感受到麵線在日本，作為台菜新領域的強大魅力。

老闆娘陳小姐在近二十年前，國中畢業後來到日本，由於本身愛吃麵線，但當時在日本吃不到，所以滋生了開一間麵線屋的想法。除了滿足自己，也希望將麵線的美味介紹給日本人。秉持著這樣的熱忱開店，一晃眼，「麵線屋formosa」已走進第五個年頭。

這間店的位置稱不上便利，距離二子新地車站還要徒步十多分鐘，並且還藏在一條住宅區的小巷弄裡。因為隱密，要是不知道這間店的存在，基本上不太會有碰巧經過而走進的客人。然而即便如此，每天到訪的客人仍絡繹不絕。除了附近的居民以外，也常有搭了四、五十分鐘電車遠道而來的客人。許多人一試就成老主顧。

「麵線屋formosa」標榜賣麵線，但不只有麵線而已，許多台菜都能吃到，味道完全道地。滷肉飯、鹽酥雞、水餃等等都是日本客人常點的菜，當然，最多人吃的還是麵線。甚至有兩天就來報到一次的客人，可能根本已經吃過晚餐了，卻還是想進來店裡，吃一碗麵線再回家。

「日本人最初都不太清楚麵線是什麼樣的食物。大家抱著嘗鮮的心態來吃，然後就愛上了。」在店裡打工的台灣大男孩提米笑著說：「最有趣的是日本人第一次吃麵線時，都是拿筷子吃，結果怎麼夾都夾不起來。」

因此，只要看見日本人是主動拿起湯匙來吃麵線的話，就知道他肯定是資深哈台族。

提米白天有正職的工作，一週兩天的晚上，還會來麵線屋打工。問他不累嗎？他回答：「不累，來到這裡反而是種放鬆。」因為店裡的氣氛和樂融融，不僅是老闆和員工之間，就連愛台灣的客人，在這個空間裡也忽然卸下日本人慣常與人保持距離的性格，讓人倍感溫馨。

在這間老闆和員工平均年齡只有二十到三十歲出頭的台菜館裡，流露著一股充滿活力的朝氣。那是過去老派的日本中菜館和台菜館所沒有的氛圍。與其說這裡是一間餐廳，更像是一個社團活動聚會的小酒吧。

同樣的，在東京五反田的「東京豆漿生活」也飄散著類似的氣息。這間專賣台灣早餐燒餅油條和豆漿的店，是位於神田的「東京豆花工房」的姊妹店。老闆是一對台日夫妻，太太是台灣人，先生是日本人。二〇一五年，他們在東京的神田秋葉原開設了第一間豆花店，店面雖狹小，但從網站到店裝充滿設計感，而豆花也好吃，迅速打開知名度。之後擴展業務，在二〇一九年二月開了這間美味的「東京豆漿生活」。

東西好吃是必須的，更重要的是店面裝潢與店家的形象包裝也下過功夫。從裡到外，不僅保存著台灣風格，也發揮日本人善於改良進化的功力，展現出復古中見潮流的新鮮感。無論是「東京豆花工坊」或「東京豆漿生活」，每天都吸引著大批熱愛台灣文化的日本人前來，當然也讓在日台人一解鄉愁。

年輕經營者與員工紛紛投入，他們充滿活力，帶來更多新鮮有趣的想法，讓日本的台菜館有了翻新的契機。

東京首都圈的台灣料理店逐漸增多，有從台灣進駐的大型企業，也有在地培育新生的小店。這些店家選擇展店的地方，都是很一般的區域，而非像韓國料理店集中在新大久保，或是中國菜餐廳聚集在池袋或橫濱中華街。

台灣料理沒有形成一條台灣街，各自帶開，卻反而以一種繁星散落的方式，漸漸深入日本人的日常風景。在東京吃台灣料理，因此不像是去東京的韓國街吃烤肉，總帶著一點「特地要去」的觀光感，而是更貼近生活感的氣息。

如果再把台灣料理的範疇向外擴大，台灣甜品自然也包括其中，那麼，更不用說那些深入大街小巷，處處打著台灣的名號，這一、兩年來引起「珍奶之亂」的手搖杯店吧。

而那又是另一個長長的故事了。

05 東京，日常直送

每座城市至少總有一、兩個畫面，會讓人感受到生活的無奈。溜到陽台抽菸的東京上班族，就是其中之一。日本人稱他們為「螢火蟲族」（ホタル族），因為菸蒂頭發出的火光，特別是在夜晚，遠遠望去，就像是螢火蟲般，閃爍在水泥森林之間。

01

陽台衣架失蹤事件

有一天忽然發現，陽台上掛著的衣架全部不見了。是不是被風吹掉了？推開落地窗，踏上陽台，努力往樓下探看，但始終沒有發現任何衣架落下的蹤跡。還是我自己丟掉卻忘記了？確實想過要把衣架汰舊換新，但怎麼會自己丟了卻不記得？那一陣子因為身心狀態不太好，晚上的睡眠品質很差，白天經常昏昏沉沉的。我理性說服自己，這樣記性變差也是有可能的吧。只是一口氣把衣架全部丟掉，一個也不留，實在太不像是我的作風。

跟台灣的老朋友在ＬＩＮＥ上提到這件事，我拐彎抹角，幽幽地說：「會不會是這間房子，有什麼問題啊？你知道我的意思，風水什麼的。」

遇到這種事時，果然還是不會想跟日本朋友討論。東京人連住在墓園旁，一打開窗子就能跟墓碑打招呼都不在意了，當然誰也無法理解台灣人骨子裡還是有點在意風水這件事。

朋友向來理智，回答我：「要是風水不好，你跟環境八字不合，當初看房子時，一走進屋子就會覺得陰氣森森不舒服吧？」

有道理。當初來看這間房子時，還覺得格局採光好，充滿朝氣呢。事實上除了衣架不見以外，房子也沒啥異樣。縱使不得其解，但最後決定就讓自己這麼相信了——衣架是被我糊里糊塗給丟掉的。

事情經過一年，前幾天，當我準備晾衣服時，竟又赫然發現陽台曬衣竿上掛著的衣架，再次全數消失！我放下洗衣籃，佇立著，怔怔地注視窗外空蕩蕩的景象，沉默了很久。這一次，我非常確定，絕對不是我糊塗丟棄的。

真要有什麼怪力亂神之事，何以偏偏只挑衣架，而且還是百圓商店買來的便宜衣架動手腳呢？我冷靜下來，決定請教「孤狗大神」。日本人最有趣的地方，就是不管任何雞毛蒜皮的無聊小事，都會有網友做出學術論文般的報告。

果然在網路上輸入關鍵字「陽台．衣架．消失」的日文，一按下搜尋鍵後，跳出來的一整頁文章標題，都寫著同樣的一件事：慎防烏鴉作巢偷陽台衣架。

居然是烏鴉偷的。原來每年四、五月是烏鴉產卵期，牠們會在三至五月開始築巢做準備。鳥巢原本該是用樹枝建造的，但大城市裡樹枝難尋，烏鴉入境隨俗，發現衣架的妙處。烏鴉巢直徑約五十至八十公分，衣架的長度剛好。塑膠的衣架牠們不要，只要那種便宜的鐵衣架。一來是可彎，二來是細又輕，非常適合烏鴉「得來速」外帶回家。網上還有人放了影片，拍下烏鴉飛到陽台站在曬衣竿上，鬼靈精怪地觀察四周，見無異狀，突然就叼起衣架一秒飛走，像拍攝動作片。

東京的烏鴉很多，常把放在路上準備回收的垃圾叼得亂七八糟，可是居然還會偷公寓陽台的衣架造巢，太不可思議。

納悶近一年的都會懸案，總之算是結案了。我家風水沒有不好，相反的可能還替烏鴉打造了一個好風水的巢。

以前抬頭望見烏鴉飛過，常會想起在村上春樹小說《海邊的卡夫卡》裡，決心要「成為世界上最頑強的十五歲少年」的男主角田村自名卡夫卡。而卡夫卡在捷克語中就是烏鴉的意思。

如今當我再看見烏鴉時，不免幻想，東京天空中飛過的烏鴉，是否會有一隻，是曾經在我貢獻的衣架中孵育而生的呢？願牠成為烏鴉界的少年，亦能帶著頑強的姿態飛翔。

02

陽台上的螢火蟲

每座城市至少總有一、兩個畫面，會讓人感受到生活在這裡的人，似乎有著一堆悶在胸口出不來的無奈。

溜到陽台抽菸的東京上班族，對我來說，就是這其中的一個畫面。

日本人稱在陽台上抽菸的人，叫做「螢火蟲族」（ホタル族），因為菸蒂頭發出的火光，遠遠望去，尤其在夜裡，就像是螢火蟲般，閃爍在水泥森林之間。

雖然我那會抽菸的東京朋友告訴我，螢火蟲族其實也沒什麼無奈的。溜去陽台透氣的他們，在抽菸的時候腦袋根本就是放空的。大多數時候什麼也沒想，什麼也不願意想。因為辦公室裡要面對的事情已經夠煩的了，出來抽菸就是想要轉換一下情緒，於是在吐納之間只是發呆，有時候連手機也不看。

螢火蟲族說是沒想過無奈或是不無奈，但旁人聽起來、看起來確實還是有點無奈的。不過說到底，上班族本來就是無奈的化身吧，好像也無關抽菸與否。每一個座位上都盤據著一隻無奈鬼，讓再怎麼精力充沛的人，坐在那兒就是乾等著被吸光元氣，比Dyson還強的吸力。

我住的公寓隔一條小路，正對著一間公司行號的大樓背面。那棟建築沒有陽台，但有開放式的逃生樓梯，平日上班時刻，要是我在家，拉開窗簾，常常都會看到溜到樓梯間抽菸的上班族。大家的表情和身姿總是無奈。當然，是我這旁人自以為的無奈。但即使不無奈，每個人都藏著一抹不為人知的心事，總是不會錯的。就這樣每一層樓梯站著一個人，從下到上，堆疊出一座東京日常的螢火蟲之塔。

有時我工作累了，一拉開窗簾，看見整棟大樓居然沒有任何一個人在樓梯間抽菸，竟感覺有點落寞。偶爾看見所有的樓梯間都站著人，而且大家都朝著同一個方向在抽菸時，居然會有種「賓果」連成一線的幸運感。

連這種無聊的瑣事也有所感受，我那抽菸的朋友，拍拍我的肩，笑著對我說：「我怎麼覺得你比我更無奈啊！」

我家位於公寓的邊間，隔壁棟大樓也是一間公司行號，可是我看不見樓裡的風景。雖然看不到，但我知道那裡的樓梯間或陽台偶爾也會站著人抽菸，而且多是加班到很晚的人。因為有時候，我吃過晚飯在陽台上收晾乾的衣服時，便會嗅到隔壁傳來的淡淡菸味。要是特地洗乾淨的衣服，晾在陽台結果卻沾上菸味，感覺很徒勞。還好實際上衣服沒有因此真的就有菸臭味，不然確實挺困擾。

以前抽菸的日本人很多，近年來明顯減少。比我對於菸味更敏感、更無法容忍的人似乎愈來愈多。最近聽說很多公寓住戶，對於在陽台上抽菸的螢火蟲族，開始表達抗議。因為日本的公寓陽台，為了防災逃生著想，不會用鋼筋水泥隔間，僅會用上下左右都有縫隙的塑鋼隔板。因此在陽台上抽菸，菸味很自然地就會飄到隔壁。抗議的住戶說，夜裡開窗睡覺，結果都是在吸二手菸。向管委會間接抗議若沒改善的話，就直接匿名投函到對方信箱裡。不過誰都知道抗議的就是隔壁住戶，匿名也沒用，最後就搞得鄰居的關係惡化。

「在家裡抽菸被家人趕到陽台，在陽台上抽菸又被鄰居厭惡，我們該去哪裡抽菸呢？我們只是想要抽根菸，放鬆一下而已啊。」

事務所裡的日本前輩是個老菸槍，聊起這個話題時，兩手一攤對我說。

「能戒菸當然是最好。戒不掉的話，現在不是有加熱式電子菸，不會飄出菸霧的嗎？要不要試試看那種呢？」我這個門外漢提議。

「電子菸，味道就是不太對。」前輩笑著說：「不抽菸的你，不會懂的。」

螢火蟲有著旁人不懂的堅持，無奈地不知道該流浪去何方。

城市早已不見螢火蟲的蹤跡，陽台上的螢火蟲族是否有一天也會絕跡？明明知道抽菸是不健康的，還會影響到他人，可此刻的我，卻莫名其妙地升起一股「保育」螢火蟲族的心。

「對了，晚上聚餐要去哪吃？上次說是什麼義大利餐廳的？」前輩問我。

我想了想，說：「不去那裡了。我們去居酒屋吧！」

03

沒有電梯的公寓才高級？

住處附近原本有一片老舊的樓房，好一陣子以前忽然全部都拆了，不久後便開始大興土木。到底是年紀愈長就覺得時間流逝得愈快呢，抑或是蓋樓的技術太好太快？一晃眼，就忽然矗立起了一棟三十六層樓高的華廈。

我住的地方在東京中央區。這一帶地狹人稠，以商業辦公樓為主，能夠都市更新作為住宅的地方不多，更何況是空出一大片地，蓋出如此碩大的華廈。那塊都更地，是中央區內極少數的特例，不僅有那棟已蓋好的三十六層華廈，旁邊還正在蓋可以容納四百戶的高樓，所以特別引人矚目。

摩天樓鄰近川畔，夜裡散步，總會經過。樓是蓋好了，但住戶尚未入居，僅有樓下施工單位發出亮晃晃的光。我抬頭仰望，每每總是揣想，住在那麼高的地方生活，每天早晚看見的東京模樣，跟現在住在四樓的我，肯定是截然迥異的。

我的好友心園的老公謙太郎喜歡住在高樓。他們家在九樓，望下去，可以見到一班班電車乖乖回家的鐵道機房。謙太郎熱愛攝影，住高樓拍空照剛好，他曾說希望住到更高的地方。

原本我以為只有年輕人才愛住在高樓，但我家社長年逾六十，其實也愛住在高處。社長家在三十幾層樓高，視野可盡覽整個台場。每年總有幾次，他會邀請我們去他家頂樓的住戶交流空間吃飯、泡湯和聊天。他總是喜歡站在玻璃帷幕前，指著遠方告訴我，這城市又有了什麼變化。

走在地表上，潛入地鐵裡，觀察到東京的改變，當然和高處鳥瞰發現的變化很是不同。享受遼闊的風景，是住在高樓的最大好處。那麼最大的壞處呢？那就是日本最不缺的頻繁地震了。所幸日本高樓耐震技術都很好，實際上碰到地震時，雖然搖晃的程度懾人，但比待在十層以下的公寓更安全。

住高樓，很多人在意的是電梯品質。電梯是日本製的嗎？速度跟穩定度如何？遇到停電或地震時的緊急應變措施是什麼？都很關鍵。

跟社長聊起華廈裡的電梯時，意外獲知早年東京剛出現有電梯的公寓時，電梯並不是每一樓層都停。可能是單數樓層停，或雙數樓層停。而電梯不停的那一樓層，照理說很不方便，沒人想住吧？但偏偏是價值較高，賣得特別貴。

原來，當時的人認為，有電梯會停的樓層，人的進出很雜亂，缺乏隱私權。所以反而是需要費力爬樓梯，電梯沒停的單位，被視為是搶手貨。水漲船高，最後反而是有錢人才買得起的樓層。

花了比一般人更多的錢，卻去買比別人不方便的住家，如今想來，實在是太匪夷所思了。

我沒特別偏好住低樓層或高樓層。但有點好奇，倘若我每天都住在四十層上下的屋子裡一個人生活時，每逢深夜，到底會不會有高處不勝寒的寂寞，還是因為寬廣的風景，變得心胸更遼闊？

唯一能夠確定的是，我喜歡在東京夜裡的高樓，看另一幢高樓。

感受彼此的光，雖然兀自發亮著，卻有如兩幢建築炯炯有神地對視。

那是一股堅持的陪伴，了然於心的沉默。

04

公寓生活記趣

熟識的朋友在聊天軟體上，傳來一間又一間的租屋物件檔案。有些是有標出公寓名稱或詳細地址的，馬上就能判斷這是不是宜居的好區域；有些則只有標出大概的位置，不過其實只要上Google Maps輸入關鍵字，多半也能搜出正確位置。我看著那些屋子，尤其是注視著室內格局圖，忍不住就在腦海中自我構建出一個立體空間，想像如果是自己住在這樣的房間裡，到底是否會鍾意？

朋友準備要來東京留學一年。要去念的是我當初剛來日本時念的學校。看著他從準備申請學校開始，到確定可以入學，接著尋找租屋等等，一步步繁雜的流程，彷彿自己也重溫了一次十年前的往事。偶爾朋友會問我意見，我如實回答。或者他沒問，但是我在意的問題時，也會主動提點。然而，心底總會帶著猶疑。因為那畢竟是我的價值觀。深怕說多了，我的原則其實不見得適合人家，同時也擔心減損了一個人闖蕩陌生國度的新鮮感。好經驗壞經驗，都是自己去體驗才顯得彌足珍貴。這是我一個人來到日本，旅居十多年的深刻體驗。

外國人到異鄉租房子，尤其是對於外國人謹慎保守的日本社會來說，確實不是件太簡單的事。我來日本的那一年，是還沒有智慧型手機和臉書的年代（臉書其實已經有了，但二〇〇八年的台灣尚未流行）。日本情報的介紹網站不似現在百家爭鳴，從網上能獲得的資料很有限。當年我透過一間短期出租公寓的駐台分公司，跨海租到在日本的第一年租屋。不必用上日文（那時根本不會說啊），簡直覺得佛心。

不過，最近這間公司驚爆出一個令我「恍然大悟」的新聞。這間公司蓋的出租房屋，在全國一百七十三個地方竟有一千八百九十五棟房子都違反建築法。他們偷工減料，比方明明天花板、地板、隔間需要用兩層，卻只用一層，更誇張的是還謊稱使用防火建材。我於是想起，當時住了一年這間公司的房子，雖然感覺舒適，但始終認為隔音非常糟。我曾在夜裡趕稿和奮力準備日文考試，卻連夜聽到隔壁傳來詭異的聲音。一開始覺得害怕，難道鬧鬼不成。某一晚決定貼近牆壁仔細聆聽，才發現是鬼見了都得退避三舍的「妖精打架」。那一刻我領悟，隔壁人家的親熱，就是要給予一個書生不為所動的鍛鍊。

十年後朋友來日本留學，情況當然不可同日而語，已經有更多易於租屋的管道。仲介說，會有不動產從日本打電話給他確認資料，朋友緊張地查詢好如何應對的日文，還準備小抄，結果對方打來時卻是說著中文。原來為了吸引華人赴日留學，現在許多日本的房仲都會雇用華人員工。

租屋或買房總希望挑到一間「乾淨」的物件。日本的自殺率如此之高，在這裡生活不免就會注意到這些問題。基本上依照《宅地建物取引業法》法律規定，房仲業者有義務告知租屋者，每一個物件的狀況。如果在資料上看見「告知事項あり」字樣時，就代表該屋曾有特殊事件。至於是什麼事件，就得向房仲問清楚了。

然而，這有一個法律漏洞。法律只要求業者必須至少告知前一任屋主或房客的情況，沒有強制要求在租屋廣告資料上公開完整歷史，因此謠傳有些發生事故的凶宅，房仲業者會高薪聘請工讀生去住一個月，那麼就可漂白這間房子「上任住戶」的歷史。

近年來，在日本租房或買房，大家幾乎都會知道必須要先上一個名為「大島てる」的網站，判斷後再做出決定。這個網站調查出日本曾為「事故物件」的房子，舉凡火災死亡、被殺、自殺或孤獨死等各種死亡事故，都會不斷更新資料。只是有些物件將細節寫得太詳細，看了不免毛骨悚然。

提到孤獨死，我自始至終都對這個名詞很有意見。高齡化社會，單身生活者愈來愈多，一個人在家自然老死也不是什麼奇怪的事。而且一個人靜靜死去，為什麼硬要被冠上「孤獨死」呢？你又不是死者，哪知道人家往生前心裡想什麼。

在異鄉居住，尤其一個人，會讓自己心裡感到不舒服的房子，當然能避就避。不過話說回來，一棟公寓只要歷史夠久，難免就藏有故事。你的房間沒事，你隔壁，你樓上樓下的房間可能都有事。房子說穿了只是一個空殼的形體，拆掉以後，那片土地才是真舞台。千百年來，原地登台上演的生生死死，不知道早已加演了多少回。

有些人在同個屋簷下生活，卻帶著假面傷害彼此。他們都活著，但是屋子裡壅塞的空氣，其實比死亡還殘忍。

05

移動販賣車

恍若是悠長的嗩吶，又像是小喇叭的聲音。總是突如其來，一陣劃破天際的號角響起。像終於突破某種困境似的奮力拉扯，迸出一聲，撐著，但耐力不足，過不了三秒，就來個急遽的降調，總算平穩的在空氣中匍匐前進。

不記得從多久以前開始，在上班的事務所，我偶爾就會聽到窗外傳來這樣的聲音。到底是什麼呢？我很好奇。起初，以為是夏季祭典的神樂，但夏天都過完了，還是會聽到。打開窗，向外探頭尋看，卻仍是一片未有任何異樣的如常風景。

已經有好一陣子，都沒有再聽到這道聲音。前幾天，我在回家的路上，竟然又聽到了。這次不是在事務所，而是在我家附近。本來已經到家門樓下了，又刻意繞到後巷找尋。就在轉彎的剎那，終於，我看見了。

這一晚，我終於明白了那道聲音究竟從何而來。

那聲音，原來出自於一台拉麵車。

過去在新宿曾見過拉麵推車，接近於台灣夜市裡的人力攤販車，但眼前的這台拉麵車，是用小發財貨車改裝而成的。車身上寫著「屋台拉麵：可立食亦可外帶」，車尾掛著兩個紅燈籠，點亮住宅區的暗巷，竟顯得夢幻。若是要「立食」站著吃的話，車尾架起了一個小平台，窩在車廂廚房料理的老闆，就會將拉麵端到平台上給你。拉麵車不只賣拉麵，啤酒等飲料與下酒菜也一併提供。

這樣沿街叫賣的小發財攤販車，日文稱作「移動販賣車」，是要有執照才能營業的。近年來，移動販賣車若在東京出現時，多半是在飲食祭典的場合。幾台車聚集著，定點販賣，少了點沿街移動叫賣的生活感。

過去我住在埼玉縣郊區時，偶爾在車站前也會有這樣的販賣車，賣的多是現烤串燒或烤地瓜。搬到東京都心以後就很少見。因為隨處都有飲食店，自然沒有販賣車能存活的空間。真沒想到這一晚，竟能在中央區的住宅小巷弄間，遇見如此下町氣氛的風景。

把這件事情在ＬＩＮＥ上跟台北的家人分享，沒想到姊姊們忽然跌進童年的回憶。說小時候住在眷村時，這樣的移動攤販可說是稀鬆平常的事呢。只不過老闆開的不是小發財車，而是人力三輪車改造的販賣車。不只賣麵，也有賣地瓜的，還有賣滷味跟醬菜的車，種類繁多。

姊姊們的童年，是完整地在眷村度過的。至於我，算是末代眷村的孩子，還不到小學吧，眷村就面臨了改建。但姊姊們的一席話，卻也勾起了我淡薄的回憶。我想起小時候，在眷村矮房子的巷弄間，確實會聽到叫賣現做爆米花（白色大粒的古早「磅米芳」）的推車；聽到山東老兵用軍人嘶喊的力道，叫賣熱呼呼的包子饅頭；當然一聽見傳來「把噗」一聲，就代表我們小孩子最愛的冰淇淋推車來了。眷村的小孩常愛惡作劇，明明沒零用錢買，聽到推車來了，就會向屋外大喊「把噗把噗」，這家小孩喊一聲，那家小孩也喊一聲，但始終不見人影，把賣冰淇淋的老伯搞得團團轉。

下個月大姊要來東京玩，告訴我，如果在我家遇見了那台拉麵車，一定要去吃上一碗。我本來想說，其實附近有更好吃的拉麵店啊，但想了想，話沒有說出口。

已經在台北市街頭消失的，卻仍能在繁華的東京重逢。姊姊真正想吃的，不只是那碗移動販賣車的拉麵而已吧，其實是想回味一股童年的滋味。

06
生活味的百圓商店

前陣子，我家這裡終於在引頸期盼下，開了一間百圓商店。

把這個「好消息」跟朋友和台北的家人分享了以後，大家都抱著一種「想不到」的口吻回覆我。大家都有點驚訝，我搬家到這裡將近一年半以來，想不到我始終在期待一間百圓商店。一間對日本住宅區來說，實在是普通至極的店。

但就是因為百圓商店普通至極，沒有才覺得怪。喜歡縮寫的日本人，暱稱百圓商店為「百均」（百圓均一價）。以前住的地方，無論是在車站或在商店街，都有百均。基本上在日本，百均存在有如一個組合城鎮所會有的基本配備。像是日本的商務旅館或公寓，衛浴都是一體成型鑲進屋子裡的「Unit-Bath」塑鋼設備，日本的住宅區也有這種感覺。車站前會有的店家類型都被規格化了，一定會有幾間固定的店，百均正是其中之一。而我現在住的地方，東西南北徒步半小時的幅員範圍內，竟都沒有任何一間百均，這真的很怪。

朋友打趣說：「你可能是中央區最窮的東京都民？因為你的鄰居們才不在乎買東西要多少錢呢！」

不過我不這麼認為。話說在代官山車站旁的高級豪宅大樓下，也開了一間很大的百均啊，人潮總是絡繹不絕呢。而且大多不是遊客，一看就是住在那一帶的家庭主婦。

我知道有人是不進百均的，因為覺得廉價，品質不好。不過，這幾年來百均的品質都大為提升了，有些東西的品質真的不差，甚至還是日本製的。雖然不是什麼品牌貨，在造型上也不怎麼樣，但是都很實用，而且稅後全部只要日幣一一〇圓。重點是有些幾乎一模一樣的商品，在超市買就要兩倍的價錢。我甚至曾看過台北的百貨公司有在賣百均的東西，標榜日本製，價格竟跳了四倍。真是太厲害。進口零售業者怎麼不去報名奧運跳遠呢？

百均賣的東西大多以廚房、衛浴、文具和消耗品為主，都是很貼近日常的小物件。我慣常會買的東西，第一名是廚房流理台水槽跟浴室排水孔的過濾網；第二名是各種尺寸的垃圾袋；第三名是裝茶葉的茶包；第四名是咖啡濾紙；第五名是廁所馬桶的清潔消臭錠。這些東西的消耗量大，能在百均入手真是惠我良多。

對於旅人來說，我的百均排行榜大概沒什麼參考價值，而且難得來日本玩了，當然不必跟我一樣斤斤計較這些民生用品。

不過，近年來有些「高級版」的百均出現，像是具代表性的Seira、CAN DO和新型態的大創DAISO都開始跳脫小社區，選擇在代官山、澀谷、原宿等鬧區展店，不僅裝潢美，商品品質好，種類也更豐富。來到這裡挖寶，發掘到物美價廉的東西也是旅行樂趣。當然價格仍是一一〇圓。

但我仍然推薦有機會的話走進住宅區裡，去那些非連鎖的，個人經營的百均逛一逛。在不同區域的百均中，從商品陳列和進貨類型的多寡，便能迅速抓到這一帶居民的生活習慣。更有趣的是，這些個人百均通常店面都非常狹小，於是你會見識日本人的收納力有多強。不可思議老闆在如此促狹的空間中，能不放過任何一個角落，塞滿所有你想要找的商品。

東京日常的生活味，沒有雕琢的真實面，都被上架在百圓商店。

07
令人敬畏的日本提款機

日本對於「自助服務性質」機器的設計都很強。

例如，從飲料到菸酒、水果、泡麵、炸物或書籍等各式各樣的自動販賣機，以及出現在不同場合與行業的各式票券機與食券機。

還有自助結賬機。有些店家，如無印良品、GU、AEON超市等，自助結賬機已行之有年。拿著商品，自己到機器前刷商品條碼、自己刷會員卡集點數，最後再自己打包。

前陣子ANA全日空甚至在羽田機場國內線，啟用了自助掛行李的設備。只要事前已完成自動Check in手續的話，到了機場就自己把行李，放進一個我覺得很像健身房仿曬機的橢圓形機器內。門一關，幾秒鐘後再打開來已空空如也，行李已迅速運走。

反正我覺得這國家對於自助服務性質機器的熱情，沒有上限。總有一天，他們是要朝向當你一個人出門時，不管幹什麼事情，一整天都不會跟真人說上一句話的境界邁進。

在那麼多自助服務性質的機器中，當我二〇〇八年搬到東京居住時，最感到敬畏的機器，其實是銀行的自動提款機。到今天，每當我用提款機時，都還是覺得日本的提款機真是太貼心、太方便又太聰明了！

首先，不像台灣大部分的提款機，螢幕是設在上方面對你的方向，日本提款機的螢幕幾乎都是設在下方，也就是你必須低頭才能看到。這好處是路人，或排你後面的人，不會看到你的螢幕操作內容。

所有的日本提款機都有存錢功能。台灣的提款機，要同時有存錢功能的還是少數。另外，存錢不只能存鈔票，零錢也可以存。日本零錢多，帶在身上有時很討厭，經過提款機就可以把一把零錢丟進去存起來。當然領錢時，不只能領整數的鈔票而已，也可以領有零頭的數字。

刷存摺也是去銀行的重要行程吧。但每次好不容易排隊領完錢以後，又還要去存摺機前排隊刷本子，實在勞心勞力。沒記錯的話，台灣有些銀行是如果你存摺累積很多筆交易都沒有刷本子的話，到一定限額，還不能在提款機跨行領款？

日本的提款機最貼心的事，就是每台機器一定都能刷存摺。每台存款機都能刷存摺，頂多就是貼心吧，但最神奇的事情是連換存摺，都能在提款機內自動完成！是的，存摺紀錄滿了，不必臨櫃換帳本，居然在提款機裡就可以直接換好新的存摺帳本。這是我剛來日本時，覺得最不可思議的一件事情之一。

雖然現在大家都開始用網路銀行了，對存摺的依賴度也逐漸降低。在Apple Pay普及日本以後，我甚至好幾個星期都不會去提款機領錢一次。

日本發明這麼多厲害的自助服務機器，說起來是很便民的，但終究是讓人跟人的距離愈來愈遠吧。不過，對於人際關係希望保持恰當距離的民族性來說，高科技的發展會朝向這個方向，似乎也不太意外。

只是一邊努力發展各種冰冷冷的機器人與自助服務機器，卻又一邊自豪著日本是個注重發自於人「真心款待，賓至如歸」（OMOTENASHI）的國度，似乎又再次不經意暴露了這個社會向來存在著各種形式的，自己也難以言詮的矛盾。

08
東京老鼠

老鼠原來可以這麼悠閒。那一天，當我在地鐵築地站看見一隻老鼠，從我面前大搖大擺地晃蕩過去，內心真的是受到相當大的震撼。

我的震撼並不是來自於看見了老鼠，而是這老鼠不跑也不衝，完全沒有要急竄躲人的意思，老神在在地，優遊自在地從我面前「走」過去。

老鼠的步伐說是走，不如說更接近於一種「散步」的姿態。

牠沿著月台和牆壁之間凹下去的縫隙，從這頭散步到另一頭。我看見牠走到一半，甚至還停下來，回頭張望了一下。今天月台風景不錯嗎？我真懷疑要是牠有相機的話，會來張自拍紀念照寄給誰了，像是旅行青蛙的老鼠版。

我覺得自己完全敗給了這隻老鼠。剛才因為急著趕路赴下一個約，用手機查詢了最便捷的轉車方式，希望能趕上最近一班地鐵進站的時間，於是奔跑下樓，匆忙刷卡進站，最後又急急地走到等一會兒方便換車的月台位置，搞得我上氣不接下氣的，其實不過只是為了快那幾分鐘而已。

結果，卻在月台上看見那隻老鼠，忽然覺得：「什麼嘛！我為什麼過得比你這隻老鼠還庸庸碌碌？」竟心生一股羨慕，在這個陽光正好的午後，就是該像牠那樣悠哉遊哉的閒晃才對呀。趕什麼時間去開會呢？

築地地鐵站的老鼠如此囂張，其實是其來有自的。因為靠近地鐵站的築地市場裡，一直以來的隱憂就是藏匿著非常多的老鼠。長年以來，老鼠生活在市場裡豐富的生鮮魚肉蔬果環境中，很無憂無慮的太平盛世，久了大概都以為自己才是這裡的主人。牠們恐怕覺得自己是住帝寶的，還會瞧不起住在東京其他地段的鼠輩呢。

想當然耳，築地的老鼠營養特別好。牠們的身形比其他地方的老鼠都來得大。據說普通身形約在十五至二十公分，更巨大的會到二十二至二十六公分。

築地市場即將搬遷，東京都最棘手的問題就是市場拆建後，老鼠們會被迫現形，四處亂竄造成衛生問題。

其實東京真的很多老鼠。另外一區老鼠密度極高之處是澀谷。澀谷的老鼠，就是我們一般印象中飛快竄走的樣子了。畢竟牠們沒像築地的有錢人家那麼好命，牠們得在夾縫中求生存，在餐廳廚房與陋巷中閃躲人群尋覓殘食。

日本有一間很知名的螃蟹連鎖餐廳，就是每次拍攝大阪道頓堀入口時，都會出現店門上有著會動的螃蟹招牌那間店。我曾經跟張曼娟老師在澀谷的分店裡用餐，吃到一半，竟遇到一隻大老鼠衝上榻榻米，在我們的旁邊來回飛奔的驚悚經驗。只差一點點，就要衝到我們的腳上！害我們那一餐，食欲盡失。自此只要在日本吃起螃蟹，就不免想到老鼠，成為我倆的心靈創傷。

從那天起，我終於明白為何村上春樹早期的小說裡，經常出現老鼠的意象。《聽風的歌》、《一九七三年的彈珠玩具》和《尋羊冒險記》被稱為「老鼠三部曲」，故事中都有老鼠這號人物。因為老鼠在東京，真的勢力龐大。

不過，這些老鼠，怎麼樣也比不上一隻最出名的老鼠。那就是迪士尼樂園的米老鼠。我住的地方，其中一個車站是可以搭車前往東京迪士尼樂園的。經常在車站裡，會看見從迪士尼玩回來的人，拿著、穿著米老鼠圖樣的衣物在此轉車。在迪士尼樂園的遊客中，其實有很大一部分都是東京首都圈的在地人，買全年護照，沒事就去看老鼠。東京人長年熱愛米老鼠，愛到美國迪士尼老闆都嘖嘖稱奇。

明明也是隻老鼠，但變成米老鼠，就如此受人愛戴了。

一種米養百種人，老鼠的世界原來也是現實的。

東京都撥出四千多萬日幣，來處理築地搬遷可能帶來的老鼠問題。相關部門的負責人說：「等同於戒嚴狀態。因為老鼠很聰明，拚死也會找到活路。」

夠聰明，充滿拚命向上的鬥志，偶爾還懂得悠閒散步過生活，怎麼突然覺得都該向東京的老鼠請益了？

仔細想想，一個作奸犯科、為非作歹又渾噩度日的人，比起一隻為了自己生存而努力的老鼠，或許，真的更沒有存在的價值。

09

不願面對的小強

世界上最噁心的生物就是蟑螂無誤。每次撞見那種又肥又油，還會飛起來衝向你的蟑螂，就覺得這種能在三億年前就出現的東西，我們注定是束手無策了。

何馬寫《藏地密碼》說在神祕的境地裡，昆蟲和生物都巨大無比。蟑螂可達到一尺長。光是想像就毛骨悚然。所謂知己知彼百戰百勝，於是曾經特地查閱過蟑螂的事。據說當今真實世界裡，最大的蟑螂品種可達十幾公分。有一天要是遇到了，我想那比見鬼還恐怖。

日本昆蟲專門作家安富和男曾推測全球有一兆五千億隻蟑螂（怎麼算出來的啊?!），而日本占了一・五八％，約有二三六億隻。日本人口結構呈現高齡少子化，蟑螂卻逆勢成長。

常流傳北海道沒有蟑螂。媒體在街頭採訪道民，人人都對蟑螂感到稀奇，甚至還有人對著籠子裡的蟑螂說可愛。我真的擔心日本年輕人的精神狀態。

北海道當然不是沒有蟑螂，只是相對來說比較少。因為那裡氣候嚴寒，不適於蟑螂的生存。在一項「驅除蟑螂求助相談」調查中，綜合三年來的統計，北海道在日本四十七個都道府縣中排行第四十六名。比北海道更不受蟑螂困擾的地方，也就是最後一名，其實是東北的岩手縣。聽北海道的日本朋友說，最近幾年，札幌的蟑螂漸漸增多了。甚至下大雪的冬天，居然也會出現。原因是很多新式建築的暖房設備，都採用地板暖房系統（日文：床暖房），比起傳統的空調暖氣和暖爐來說，建築整體的溫度，暖得更平均，因此開始適於蟑螂的生存及活動。

不用說，全日本最多蟑螂的地方，當然是東京。在「驅除蟑螂求助相談」的榜單上，東京是岩手的一一六倍之多。大都會裡蟑螂和老鼠都多，理所當然。第二名是沖繩，跟台灣的緯度和氣候差不多，蟑螂多也很正常。意外的是第三名，富山縣。原來富山冬天雖冷，但一整年陰霾多雨，全年的相對濕度比沖繩還高，造就了一個「好」環境，讓蟑螂都想搬去那裡坐月子。

偶爾回台北的家裡，半夜起來上廁所或到廚房，會遇見恐怖的大蟑螂，但住在東京十多年，我幾乎沒在家裡看過蟑螂。小蟑螂會有，但出現的機率很低。

平常唯一會看到肥滋滋的大蟑螂，是在大樓一樓的垃圾收集間裡。每次去丟垃圾，都有點害怕。蟑螂不是經常出現，不過，通常是我覺得「好像會有蟑螂出現喔」的時候，一開門，開啟電燈，就會看見一隻大蟑螂。原本在散步的蟑螂，突然被光亮給驚醒，嚇得竄走，不知去向。每一次都這樣。讓我不禁懷疑，住在我們家大樓的蟑螂，是比較講禮貌的，懂得不帶給人「迷惑」的麻煩。既然牠不好意思地趕緊退散了，我也就裝作沒看到，丟完垃圾關掉燈，快快離開。話說澀谷出現的蟑螂可就沒那麼溫馴，跟台灣的一樣，我行我素，很擔心牠一不爽（或者爽？）就會飛向你飛向我。

迄今我遇過最生猛的蟑螂，是在泰國曼谷。曼谷路難走，最恐怖的是蟑螂隨時可能橫竄而出。我走路都低著頭，很怕踩到牠們。但後來發現是多慮的。因為曼谷的蟑螂和馬路上橫衝直撞的機車一樣，奔跑的速度超快。當你發覺有隻蟑螂竄出來時，一秒鐘，牠就從你面前急奔而過，像什麼事也沒發生。因為不願面對蟑螂，台灣人稱蟑螂叫「小強」，日本則以字母「G」代稱。因為蟑螂的日文是「ゴキブリ」（gokiburi），而開頭字母是G的緣故。

「ゴキブリ」這個字很怪，起初我以為是外來語，後來發現是純正的和名。相傳語源是從「御器齧り」（gokikaburi）轉變而來，意思就是藏在食器（御器）裡啃咬食物的東西。果然是日本人。即使遇到這麼噁心的蟑螂，原來也會顧及婉轉的語言表現。

有人說蟑螂如此頑強的生物，要是某一天滅種了，地球離毀滅的那天也就不遠。不過仔細想想，到底人家才是地球的原住民吧，我這種不尊重地球上先來後到的心態，以政治正確性來說似乎不太可取？雖然如此，討厭蟑螂的我，依然忍不住希望牠們有消失的那一天。

10
電扶梯的速度

難得一個月內，在三個國度裡轉換生活。東京，台北和香港。三座性格迥然不同的城市，壓縮在極短的日程中遊走，對照彼此的差異性，似乎就愈發清晰。

感受最深刻的，是三座城市裡的電扶梯。在一座城市裡住久了以後，你的身體就會自動記憶起那座城市裡的電扶梯速度，作為快慢的標準。當你到了其他地方，就會不由自主地去衡量起當地的電扶梯速度。

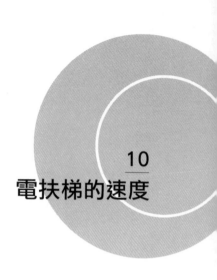

東京，台北和香港，若以地鐵站內的電扶梯相比，我覺得速度最悠緩的，是台北捷運內的電扶梯。東京地鐵的電扶梯比台北稍快，但，不管怎麼快，都比不上香港地鐵電扶梯的快。

在日本，電扶梯出廠時所設定的標準速度是分速三十公尺。分速三十公尺，其實也是台灣對於電扶梯規範的速度。然而實際上，日本全國各地的電扶梯速度，並非都維持在分速三十公尺。因為根據日本建築基準法和國土交通大臣的公告，電扶梯的傾斜程度若在三十度到三十五度之間，需維持在分速三十公尺以下，但若傾斜程度是八度到三十度之間，則可以調快至分速四十五公尺。換句話說，根據每一座電扶梯的傾斜程度不同，電扶梯的行走速度也不同。設置電扶梯的單位，可依照實際情況調整速度，只要符合上述範圍內的標準即可。

這就是為什麼日本和台灣，都將電扶梯速度的標準值定在分速三十公尺，但實際上「體感速度」卻快慢不一的原因。

考量到安全問題，刻意將電扶梯速度降低的地方也不在少數。我不知道曾經發生過電扶梯事故的台北捷運，現在是否有降低原來的速度標準值，但我知道像是日本的百貨公司，考慮到顧客安全，會刻意將速度降至分速二十公尺。

香港地鐵站的電扶梯，是分速四十五公尺。四十五公尺！遠比日本百貨公司內的電扶梯速度，高出了分速二十五公尺耶。這也難怪，當我從日本到了久違的香港時，第一個印象就是香港的電扶梯速度好快啊！

但據說全世界速度設定最快的電扶梯，是新加坡的電扶梯。我有點無法想像，比香港電扶梯速度還快的感覺。要是不小心踩空了，應該會摔個四腳朝天吧。忽然亂想，該不會是這樣，新加坡賣跌打損傷的藥水才特別多吧？

一比較起電扶梯的速度，就忍不住對電扶梯小小身家調查了一下。

於是發現，世界上最長跟最短的電扶梯，恰恰好也是由香港和日本這兩個地方奪冠。

世界上最長的電扶梯，是港島中環的登山電扶梯，全長約八百公尺。世界上最短的電扶梯，是在神奈川縣川崎市的川崎岡田屋百貨公司。這座全球最短的電扶梯位於這間百貨的地下二樓，總共只有六個階梯而已。

我想，長年搭慣了岡田屋極短電扶梯的老太太們，有一天若是去到香港中環登山電扶梯，一定得吃暈車藥才行。

城市裡的電扶梯，用速度，暗示了城民的性格。

焦慮趕車，忙碌掙錢，匆促赴約，有時嫌電扶梯速度還不夠快，於是還奔跑了起來。你以為你站在電扶梯上趕往想去的目標，卻忘記了有另外一座電扶梯，在同時朝著另一個方向，偷偷運走了你再也拿不回來的身心健康。

10

窩在雲端空間

前幾週看了國家地理頻道播出製作飛機餐的紀錄片，深深覺得在幾萬呎高空上，能吃到一份令人滿足的飛機餐，實在是一件了不起的事。

我知道很多人不愛飛機餐，覺得難吃，但我一直以來仍對飛機餐有種特殊情感，覺得是一種旅行的儀式。

飛機餐上桌，離開煩躁地表的第一餐，宣告暫時脫離現實，做另一個自己的旅程正式開始。

雖然座位促狹，餐桌窄小，動作不太方便，但每一回當我吃起飛機餐時，竟都有股「溫馨」的感覺。大概是那種把所有食物全塞進一個小餐盤上吃將起來的氣氛，總讓我重溫了小學生郊遊時，打開野餐盒時的愉悅。

紀錄片拍的是新航。很久以前坐過，飛機餐怎麼樣，不太記得了。這幾年進出日本，主要都搭日系航空公司。我覺得日系航空的飛機餐基本上都不差，至少合我的口味。上餐前會先發可口的果子，偶爾在餐點中有一盒小蕎麥涼麵，還可以喝到美味的玉米湯或洋蔥湯，甚至是野菜高湯，都是加分。特別推薦全日空（ＡＮＡ）機上提供的大分縣蜂蜜青桔汁（かぼす），通常大家喝果汁只會點柳橙和蘋果，所以空姐也不會主動介紹，但餐車上一定有，下次記得點點看。至於喜歡日本酒的朋友可選擇機上提供的宮城縣銘酒「一之藏」。

日系航空的服務很到位，簡單來說就是把日本服務周到的精神延伸到天上。在機艙內有任何需求，有時服務鈴還沒按呢，空姐便常會搶先一步注意到。不得不說日本人果然擅長「讀空氣」。縱使機艙外面的空氣稀薄，卻一點也不影響他們解讀的能力。

在日本國內工作出差時，公司安排搭日航（JAL）的機會較多，不過我自己選擇的話，則會搭全日空（ANA）。從東京出發的話，最常利用的航線當然是回家飛台北。去首爾時也搭過，近來則是搭到曼谷。最遠的是飛到紐約。在時序搞不清楚的機艙內，空姐發給旅客的充饑品，並非丟給你一根花生巧克力棒，而是香蕉。當年我即將奔向四十歲，頓時感覺是個訊號，提醒著我，此後就該航向養生的偉大航道上。

搭全日空另一個吸引我的地方，是他們的機上雜誌。我喜歡的作家吉田修一，長年在全日空機上雜誌有散文專欄，在尚未結集出書以前，只有在這裡才能閱讀得到。專欄主題是旅行，不知是巧合還是吉田修一實在太愛台灣，印象中有好幾次都恰好讀到他寫到關於台灣的文章。

既然搭的是日系航空，那麼旅客自然是以日本人居多。我發現不少日本人在機艙裡會習慣把鞋子給脫掉。其實不只是在飛機上，搭新幹線時也會。所以在台灣高鐵上，有朋友曾說看到日本人一上車就脫鞋，覺得很怪，其實還滿正常。

我迄今沒碰過腳臭的人，因此不覺得會有什麼困擾。話說很久以後的某一天，當我在飛機上想去廁所，於是彎腰穿起鞋子來時，才赫然驚覺，我居然也不知不覺地被同化了這個習慣。不過別擔心，我有自信我的腳不臭。

有一項關於各國人搭飛機的調查，說日本人最愛選擇坐在靠走道的位子。原因很簡單，因為他們同時榮獲了「最不擅長喚起隔壁睡覺旅客的民族」第一名。因為要把別人叫起來，困擾別人也為難自己，所以最好就是選靠走道的位子坐。

要是坐在中間或靠窗的位子，因尿急就非得喚起隔壁睡覺的人才能出去了吧？不。問卷調查結果顯示，有三八％的日本人會不動聲色，背對著睡覺的人，試圖神不知鬼不覺地跨過對方。

然而，日本人身形和腿長的殘酷現實，我們也是清楚的，於是，我見過失敗的例子還真不少，甚至有整個人跌坐在對方身上的窘狀。但，更令人詫異的是有高達二〇％的人，竟都選擇憋尿，表示會一直等到旁邊的人也起身了，才趕緊跟著走出去。大和民族忍者功夫的基因，原來一直都隱隱存在。

飛機總會遇到天候不佳而延飛或取消的狀況。已經看過太多新聞中的旅客，只要飛機一不飛，就會變身「奧客」抗議的難看景象。我在日本國內線也遇過幾次延飛，現場就跟日本新聞裡出現的採訪畫面一樣，人人都淡定。好幾次還看到新聞上，那些都已等待一整夜的人，受訪時甚至還會一邊平靜地說，一邊對攝影機發出微笑。那當然不會是因為他們也懂得「笑到最後的人才是贏家」吧？那份修養，我想就是家庭和國民教育的成功。

吃完飛機餐，看完機上雜誌，若有想看的電影偶爾會看一下，或者終於得空繼續書寫未完成的小說。要是累了，放空發呆看飛航路線圖也不錯，要是能夠閉目養神，沉沉地睡去就更好了。

我常想，窩在這個容量不大，名符其實的「雲端空間」裡，若是能怡然自得享受這幾個小時的漫長時光，卻一點也不感覺寂寞無聊的話，那就足以稱得上是真正活出自己的大人了。

12

走在高架下

那一陣子，我常在春天的傍晚走在高架橋下。四月的空氣仍帶著季節的涼意，抬頭總能見到遠方滲出幾絲橘黃的光，暗示著再過不久，天空就要收走白晝。原本要走進車站超市的我，偶爾一不留心就會偏離目的地，等到回神過來時，才發現人正沿著鐵道的高架橋往前走。

那時候，我剛搬來日本不到一個月。住的地方是個寧靜的小鎮，跟東京都隔了條河的埼玉縣，只要一離開車站，幾乎是什麼店家也沒有的純住宅區。這不是我在旅行時期所熟悉的東京，對周圍的一切都還很陌生。我想要探勘住家附近的環境，但又怕走遠迷了路，所以剛開始總是保險地，沿著高架橋走。

從這一站走到下一站，如果心有餘力，再多走一站也可以，最後再沿著原路折返而歸。高架橋筆直地向前延伸，就算是途中發現什麼有趣的小巷弄，想要稍微偏離軌道也無妨，因為我知道只要回頭的目光能找到高架橋，就絕對不會迷路。像大海中浮潛的初心者，一條繩子繫著自己和不遠處的教練，讓剛來到舉目無親的異鄉的我，得以帶著安心感進行一場日常生活的小探險。

搬離郊區的小鎮以後，住的地方不再有高架鐵道，而已經不懼怕四處亂闖的我，不再有機會像剛來日本時那樣，沒事就散步在高架橋下。

倒是後來有一段時間，我常踏進東京高架下的咖啡館和居酒屋。東京的高架下總有很多風貌多元的店家，豐富熱鬧的程度，遠遠超過了當年我所居住的那個郊區小鎮。

認識留學生C君時，對他的印象就是將來他畢業以後，一定是個跟日本上班族一樣，在週五的下班夜晚，會跟同事去高架橋下喝一杯才回家的男人。他恐怕自己也是這麼想像著的。事實上，他會來日本念大學，就是決定要留在日本定居就職。可惜事不從人願，他沒找到工作。

簽證只剩最後一個月的那段日子，C君每個星期都要找我去有樂町或新橋車站吃飯。他告訴我：「以後沒機會了，只好趁現在感受一下那樣的生活了。」感受一下，東京上班族的男人們走進高架鐵道下的飲食店大快朵頤，在居酒屋、拉麵店、壽司店或咖啡館，總能跟哥兒們高談闊論的激昂風情。對C君來說，那是他在高架橋下，一個等待孵化卻未竟的想像。

我想起最後一次，跟他去新橋站高架下的居酒屋。大概逼近回國，而台灣的工作也沒下落，因此整個晚上，他都顯得有點恍神，談到未來也難掩不安。用完餐，原本準備回家了，我卻忽然提議：「沒事的話，不如沿著高架橋下散散步，到下一站搭車吧？」於是我們沿著山手線鐵道的高架下走，從新橋走到有樂町卻意猶未盡，最後走到了東京車站。看著沿路高架下燈火通明的商家，C君驚喜地說：「真怪，雖然經常走，但總還是會發現一些以前沒注意到的小店。」我也意識到自己已經很久，沒有這樣走在高架下了。

「陌生的路，反正就先一直往下走，總會像是這樣發現有趣的店吧。」我說。C君好像聽懂了什麼似的，微笑著點點頭。

沿著高架，像奔馳的列車一般向前走吧，不要獃在原地迷惘。縱使還不確定目標，只要目光不遠離，未來也就不怕迷失。

13
小野君的生存之道

在我上班的事務所裡，有一大部分的空間是Share Office形式。這兩年進駐的人來來去去，比過去更為頻繁。有些人我還沒來得及熟悉，沒過多久就宣布離開，幾個星期後，同樣的一張辦公桌，又換上一張新面孔。

人活到一個年紀以後漸漸會發現，認識一個陌生人並不困難，而失去一個相識的人，更是簡單。

那些已經離開的同事，就算有交換過ＬＩＮＥ、推特或臉書，但說真的平常並不會問候聯繫。如果歲暮的「忘年會」沒在社長擬定的「回娘家」邀請名單中，那麼就等於不太會再相見了。

然而，其中有極少數的人，即使離開事務所很久了，我還是會從許多直接或間接的管道，得知對方的消息。在這當中，小野君算是最特別的一個。

第一次見到小野君，是在曼谷。那一年跟公司前輩去出差，一次聚餐中，當時住在曼谷的小野君現身。我看到他的第一印象，直覺他那天是剛起床，而且沒睡飽。他的眼皮只張開一半，臉上表情的轉換緩慢，像是電池快用罄的過氣玩具。他的穿著有些邋遢，我甚至懷疑他有幾天沒洗澡了。不過，小野君是禮貌而客氣的，應對進退也算得體。我猜想，那天他可能遇到了什麼狀況，只是特例而已。不過，接下來的幾天，我又見到他時，發現他像是被誰按了剪貼複製鍵似的，幾乎保持著相同的模樣。那時我知道，我認識了一個很不典型的日本人。

小野君以前在我們的事務所裡上過班，但在我進公司以前就離開了。因此他雖然小我一歲，卻算是我的前輩。前輩無論看起來再怎麼閒散，總還有點前輩的樣子，那就是他偶爾會像個地下社長似的，號召事務所裡的前同事與後輩去居酒屋聚餐。常以為他要向我們宣布什麼大事，弔詭的是，主辦的他在席間卻總不太說話。好像只是臨時被拉來似的，還顯得有點一臉委屈。

忘記從哪一天開始，每當我和小野君相見時，他就老是要約我去女僕咖啡館。秋葉原、池袋，甚至台北。我不是很有興趣這個話題，但會讓他繼續說，甚至引導他說更多。因為，我發現，唯有在他滔滔不絕敘述女僕咖啡館的樂趣時，才彷彿看見他醒了，眼神有光。

後來輾轉聽說小野君沒有再繼續接編輯或採訪的外稿工作，每天去便利商店打工。前陣子，他又約我們聚餐時，拉了一個登機箱來。我以為他要去哪旅行，結果他說：「今天晚上要換一間網咖過夜。」原來他最近覺得在東京租房子太貴了，決定退租，認為每天住在網咖還比較便宜。有床、有桌、有電視、可洗澡，飲料還喝到飽。

對於愈來愈喜歡待在自己家裡的我而言，小野君和我可說是活在兩個平行世界的人。散會時，我問他：「居無定所，不會覺得不安嗎？」他依舊像是轉速被調慢似地回覆我：「很開心。」

同事們在一旁聽了，有人搖頭，表示難以理解。但是我卻微笑了起來。這畢竟是小野君的生存之道啊。如果他開心，不妨礙到別人，我想，其實也沒什麼不好。

雖然下一秒，我也懷疑小野君他真的開心嗎？可惜小野君的表情和人，都跟不上地球的轉速。我還來不及深究觀察，一群人已走到車站。帶著酒氣高喊一聲：「辛苦了！」所有未盡的話就此打住。

我們各自搭上不同的電車，又分散在這座一不小心，就再也不會相見的都會裡。

14

風的使命感

今年秋天的東京，有不少地方的銀杏樹，都讓遠道而來的觀光客失望了。

有一說是早前的幾場颱風和暴雨，把整株樹打得稀稀落落的，不過，另一個原因也是恰逢樹木的修剪期。如果銀杏樹不是種在公園內，而是集中在住宅區和辦公樓之間，路上囤積過多落葉，據說偶爾會引起當地人的抗議，抗議落葉導致他們生活的不便。

我們看著銀杏落葉鋪蓋滿地，迤邐出一條金黃色地毯，都覺得好美好浪漫，大概難以理解有人會抗議吧？然而，一想到也是有日本人拒絕政府在住家附近開公立幼稚園，理由竟然只是嫌天真可愛的小孩太吵，那麼會抗議銀杏樹也不是什麼奇怪的事了。

有花就賞有葉就看，這處被剪光了，總還有其他地方能看。我只是有點同情銀杏。我要是被誰討厭了，離開就好，但銀杏要是被人嫌，可不是自己想走就能走的啊。

看銀杏，就是穿風衣的好日子。真正入冬以後，就需要大衣和羽絨衣了，唯有在深秋黃葉尚未落盡之際，風衣的厚薄恰恰好。

喜歡穿長襬的風衣，走在堆滿落葉的銀杏樹下，低頭看自己的腳步，交錯在晃動的衣襬與隨風捲起的黃葉之間，空氣中，流動著秋光的現在進行式。

春秋兩季，東京的陣風特別強。沒來由地突然而起，跟颱風那種帶著怨氣的感覺不同，彷彿是背負著使命感的。那樣的風，非要把櫻花、紅葉和黃葉給狠狠吹落一地才行，像是被上天賦予任務似的，完成宣告季節的更迭。

深秋的陣風，有時候會吹來一些久違的人，像是小野君。

十二月還未過完，前幾天小野君在網路上捎來訊息，預約明年一月要來場新年會。等等，不是還在歲暮嗎？我從未見過有人在「忘年會」的高峰期約吃飯，是直接跳過忘年會，快轉到新年會的。難道因為這一年有太多不想忘記的事情嗎？不過，小野君向來不是傳統的日本人，所以一切也就說得過去了。

我不確定小野君這一年是否有許多不想忘記的事，但我可以確定的是，他的生命中有好幾件事情，他始終不會忘記。例如，他熱中於寫小說這件事。

在很偶然的一次聚會中，我才知道他寫了好多本小說。那些小說並沒有被出版，純粹只是他一腔熱血所創作完成的，刊載在他的部落格上。其中有幾部長篇，製作成了電子書，以自製書的形式在日本亞馬遜書店上販售，很有模有樣。想當然耳，並不會有人去買，所以自然也沒有收入，但是那沒有造成他的阻礙。

在公司幾個前輩的眼中，這股行徑簡直像昭和初期的落魄作家，常開玩笑說他跟時代脫節。但在我看來，明明沒有稿費也沒有讀者，多寫一篇或少寫一篇實在也沒差的狀況下，他居然能夠這樣不屈不撓地堅持著，不知道哪來的使命感似的，實在就很令人敬佩了。說不定哪一天，他真的變成了暢銷大作家也不一定。世事多變，人的命運誰會知道呢。

小野君對於也有在寫小說的我，似乎有些另眼相看。雖然我告訴他，在台灣出版小說賣不了幾本，不過他還是覺得能夠出版已經很厲害。有一年，我的小說改編成舞台劇，正在台灣旅行的他，很堅持要去捧場觀賞。他犧牲了可以多去一次台北女僕咖啡館的寶貴時間，讓我相當過意不去。畢竟他根本聽不懂中文，還大老遠跑到人生地不熟的淡水竹圍。不過也是因為這一次，讓我感受到小野君其實是個重感情、講義氣的人。

離開小說，小野君自己的人生也是夠戲劇化的了。認識他好一陣子以後，我才知道他其實結婚一次婚，還育有一個小孩。對象是他當年在曼谷居住時認識的年輕女生。後來的細節我沒有問得太清楚，總之就是那女孩選擇離開他，和其他男人另組了家庭，而離開泰國的小野君，就成為了現在我們眼前的小野君了。

那天經過神宮外苑的銀杏並木道，見到今年的銀杏確實比往年來得稀疏一些。不過，可能我年年看著都是茂密的模樣吧，反而感覺特別新鮮。其實還是很美的。那些銀杏樹像一排剛剪完頭髮的乖學生，神清氣爽地排排站。日光篩落中，顯得比過往更加精神抖擻，一個個都是好青年。

忽然在這當下，又想起了小野君。小野君雖然好像把生活過得有點邋遢，很多言行舉止都令人不太放心，不過在他心底，其實還是有著某種使命感。那為他形塑出了一股力量，推著他往前走。縱使旁人看不出來，他會走向何方，但是他知道就好。

穿起大衣，裹著圍巾，走在白天氣溫掉到只剩個位數的街頭，我沒來由地想著：天冷很好，下雨也很好。

一個人知道什麼樣的方式會是好，那麼就好。

後記
東京直送

每到下午三點多，在晴朗的午後，太陽會走到陽台能望見的遠方。

我所居住的樓層在公寓四樓，見不到天際線，而四周高樓包圍，太陽的行走路線多半會被樓房給遮蔽。然而，唯有在下午三點多時，在一段樓與樓的縫隙中，太陽會現身。

在那個時候，我會特地拉開落地窗簾，邀請日光入座，看見它瀟灑地穿越清澄的空氣，照亮起整個空間。縱使僅僅只有半小時的日照，在盈滿著療癒感的氛圍中，不知道為什麼，我常常覺得這一刻「很東京」。我偶爾在想，倘若有一天我回想起在東京生活的日子時，這一幕或許將是很重要的場景。

在好長一段因為瘟疫而影響出遊的日子中，許多人曾經熟悉的東京，倏地變得陌生起來。海外的旅人無法說走就走，搭個飛機就抵達；住在東京的都民，也因為要避免感染而減少出門。想到哪兒就去哪兒，想吃什麼就去吃，想約誰就約誰，行動受到心理的約束，處處神經緊繃，於是才領悟，昔日近在咫尺的地方，頓時變得遙遠。

明明是住在東京的我，因此，有時竟會想念起東京。

那麼，說起「東京」的時候，你最先想起的又會是什麼呢？

在許多東京的壽司店門外，常常能見到商家貼著一張告示，標榜自家食材來自於豐洲或築地直送。

直送，這兩個字嚴格說起來並非中文，而是取自於日文的漢字辭彙，指的是將物品「直接送到對方手中」，多用在漁獲蔬果及食材的宅配，強調一收穫就從產地快遞到府，內容物的新鮮不失真。

因此《東京直送》這本書想借用這樣的說法，希望透過我的文字，將東京這座城市裡發生的點點滴滴，不失真地，遞送到讀者的眼前。

文章裡除了有許多無論經過多少年，都很難改變的人際關係、文化落差與社會習俗以外，還觸及不少當時下筆的時事。事過境遷，新聞雖然已成為歷史，但也是為這變動的城市留下紀錄。經歷過那些事件的我，激起的情緒，最真實的喜怒哀樂，我想是不會因時間流逝而失去「賞味期限」的。

謝謝願意閱讀這些文章的讀者朋友，謝謝原點出版社的工作團隊，再次為我打造出一本很拿得出檯面的作品；謝謝邀約文章和專欄的報章網路媒體，讓我有機會累積出對於生活思索的時時刻刻。

丟不掉的執著，往往來自於日常中微小卻巨大的線索。拆開日本華麗的包裝紙，發現東京很頑固又不失可愛的真實面。希冀個人的生活書寫及城市觀察，能為在乎這座城市的人，發掘出更難忘的東京模樣。

願歲月靜好，現世安穩。

祝福東京，祝福在任何一個城市裡，拿起這本書的你。

二〇二〇年四月　東京都

國家圖書館出版品預行編目資料

東京直送：將東京鮮為人知的慣性，遞送到你面前！
/ 張維中著. -- 一版. -- 臺北市：原點出版：大雁文化
發行, 2020.05
272面；14.8×21公分
ISBN 978-957-9072-67-0（平裝）

1.文化 2.生活方式 3.日本東京都

731.72603 109005031

東京直送

將東京鮮為人知的慣性，遞送到你面前！

作　　者　張維中
封面繪圖　徐世賢
設　　計　犬良設計
內頁排版　黃雅藍
校　　對　孫梓評、張維中、詹雅蘭
責任編輯　詹雅蘭

行銷企書　郭其彬、王綬晨、邱紹溢、蔡佳妘
總 編 輯　葛雅茜
發 行 人　蘇拾平
出　　版　原點出版 Uni-Books
Email　uni-books@andbooks.com.tw
電話：（02）2718-2001　傳真：（02）2718-1258
發　　行　大雁文化事業股份有限公司
台北市松山區復興北路333號11樓之4
www.andbooks.com.tw
24小時傳真服務（02）2718-1258
讀者服務信箱 Email: andbooks@andbooks.com.tw
劃撥帳號：19983379
戶名：大雁文化事業股份有限公司

初版 1 刷　2020年5月　初版 3 刷　2021年1月
定　　價　350元
ISBN　978-957-9072-67-0